Actualisez votre potentiel avec le marketing de réseau

Comment forger votre propre succès dans une des industries les plus florissantes qui soient.

Actualisez votre potentiel avec le marketing de réseau – Édition révisée
Édition originale publiée en anglais par MIM Publications, Rancho Santa Fe, Ca (É.-U.)
sous le titre :
The Best You Can Be In MLM

Net Libris
2-36, rue de Varennes
Gatineau, (Québec) Canada
J8T 0B6
Tél. : 819-561-1024
Téléc. : 819-561-3340
Courriel : info@netlibris.ca
Site web : www.netlibris.ca

Traduction : Louise Labrosse et Jean-Pierre Sauvé
Révision : Claude Charbonneau
Infographie : Roseau infographie inc.

Dépôt légal – 2010
Bibliothèque nationale du Québec
Bibliothèque nationale du Canada
Bibliothèque nationale de France

ISBN 978-2-922882-15-5

Diffusion / distribution :
Canada : Net Libris, info@netlibris.ca, www.netlibris.ca, 819-561-1024
Europe : WMI Sarl, info@libreentreprise.com, www.libreentreprise.com

Actualisez votre potentiel avec le marketing de réseau

Comment forger votre propre succès dans une des industries les plus florissantes qui soient.

John Kalench

NOUVELLE ÉDITION RÉVISÉE

Net Libris

Du même auteur:

17 secrets des maîtres prospecteurs en marketing de réseau

À Yvonne, mon épouse bien-aimée,
merci de m'avoir choisi.
Je te dédie ce livre, mon amour !

Remerciements

Merci mille fois à Carolyn, Jeff, Betty, Bob, Katherine, Carol, Jim et plus spécialement à John (JMF), tous des amis très chers qui ont eu un impact marquant sur ce livre – et plus particulièrement sur ma vie !

Merci tout spécialement, et du fond du cœur, à Tom, mon homme de confiance, à mes côtés depuis le début, à travers les hauts et les bas. Les mots expriment à peine la portée de ta loyauté, de ta foi, de ta confiance et de ton dévouement. Je t'apprécie et je t'aime pour tout ce que tu as fait et pour celui que tu es !

Préface

Désirez-vous vraiment actualiser votre potentiel avec le marketing de réseau ?

Pensez-y un moment. Désirez-vous vraiment atteindre le meilleur de vous-même ?

Si, après mûre réflexion, votre cœur vous dit « oui ! », je peux vous garantir sans condition que le livre de John Kalench vous aidera à y arriver.

Actualisez votre potentiel avec le marketing de réseau traite de vous et de votre avenir dans le commerce le plus extraordinaire et le plus excitant au monde.

Vous examinerez d'abord le *pourquoi* de votre entreprise. Pour vous aider, l'auteur vous proposera un exercice où vous découvrirez votre objectif de vie et où vous établirez des buts irrésistibles et puissants afin d'accomplir cette mission. Vous apprendrez aussi à utiliser les *quatre formes de carburant nécessaires* pour infuser votre objectif de vie et vos buts d'une énergie puissante et créatrice.

Ensuite, vous prendrez part à cette merveilleuse aventure qu'est la découverte de soi. Vous apprendrez des « trucs » pratiques et éprouvés qui vous donneront le pouvoir de construire et de vivre une vie personnelle et professionnelle qui dépasse de loin vos aspirations et vos désirs les plus chers. Ce livre est rempli de promesses et de possibilités, et tout cela pour vous !

La possibilité d'atteindre tous vos buts... de connaître une carrière enrichissante, créative, satisfaisante... d'actualiser votre plus haut potentiel humain... de jouir d'une autonomie financière réelle et tangible... et de contribuer à la vie des gens d'une façon spéciale.

Et les promesses ? C'est là la meilleure partie : *Actualisez votre potentiel avec le marketing de réseau* vous enseigne *comment* réaliser tout cela !

John vous enseigne, étape par étape, comment créer et *maintenir* le succès dans votre entreprise de marketing de réseau et comment en *assurer la continuité*. Dans son livre, vous découvrirez des trucs touchant la prospection et des techniques téléphoniques que vous pourrez mettre en pratique immédiatement ! Vous apprendrez vous aussi à donner des présentations du tonnerre et à organiser des réunions d'affaires professionnelles qui produiront des résultats. De plus, vous acquerrez la facilité de « répondre » aux objections et vous développerez un système éprouvé de suivi qui vous garantira à la fois une clientèle fidèle et un flot constant de nouvelles personnes dans votre entreprise. Vous trouverez tout dans le présent livre : les réunions à domicile, la formation de nouveaux distributeurs et la duplication de vos efforts sans effort !

John Kalench, c'est la voix de l'expérience et de la connaissance intime du marketing de réseau. En une décennie et plus, il a franchi toutes les étapes caractéristiques à ce domaine d'affaires. Il sait ce qui fonctionne et ce qui ne fonctionne pas. À preuve, il a construit un réseau de distributeurs évalué à un million de dollars, en plus de créer et diriger sa propre société de marketing de réseau. Puis, avec sa compagnie Millionaires in Motion (MIM), il a enseigné à des milliers d'hommes et de femmes à créer leur propre succès dans le marketing de réseau. Pour souligner cette contribution, la Multi-Level Marketing International Association (MLMIA) a décerné à MIM, pendant deux années consécutives, le « Prix des présidents pour excellence en formation ». Oui, John est passé maître dans l'enseignement des compétences nécessaires au développement d'une entreprise.

Il est parvenu à démystifier un type de commerce énigmatique et complexe. Souvent, pendant votre lecture, vous déposerez votre livre et, tout émerveillé, vous vous direz : « Incroyable ! »... ou encore... « Ah ! c'est ainsi qu'on s'y prend ! » J'ai lu presque tout ce qui existe sur ce genre de commerce. Certains livres sont meilleurs que d'autres, mais aucun n'a un souci du détail ni n'est aussi complet que celui que vous tenez dans vos mains.

Le présent livre est passionnant, puissant, pratique et rempli de révélations que vous voudrez mettre en application sans tarder. Le style est personnel, plaisant, et agréable à lire. C'est comme si John était assis dans votre salon et partageait avec vous ses connaissances et son expérience, tel que le ferait un ami intime.

Il y a longtemps que j'attendais **LE** livre sur le marketing de réseau et je remercie John Kalench de l'avoir écrit. Tous ceux qui comptent réussir dans ce genre d'entreprise se doivent de lire le présent ouvrage.

Lisez-le d'abord plusieurs fois et, par la suite, donnez-en un exemplaire à chaque nouveau distributeur de votre organisation avant même que l'encre sur son contrat n'aie eu le temps de sécher ; le succès vous sourira assurément !

John Fogg
Éditeur
Upline

Comment utiliser ce livre

Puisque le présent livre diffère des autres ouvrages, vous vous devez de l'aborder différemment. J'aimerais que vous teniez compte des quelques suggestions que j'ai à vous faire.

Premièrement, ne vous laissez pas impressionner par la quantité d'information qui y est présentée. Elle est le fruit de plus de dix ans d'enseignement et de formation auprès de milliers de personnes.

Certains liront le présent livre d'un trait, d'autres, plus lentement. Peu importe. Sir Francis Bacon disait : « Certains livres doivent être goûtés, d'autres avalés, et quelques-uns seulement savourés et digérés. »

Le présent livre est de ceux que l'on doit « savourer et digérer ». Je peux vous préparer du poisson et vous nourrir pour la journée. Par contre, si je vous enseignais à pêcher, cela vous permettrait de vous nourrir toute votre vie. Cependant, il faut d'abord apprendre à pêcher ! Mon but est que vous maîtrisiez la technique de la pêche. Prenez votre temps.

Deuxièmement, le présent livre est facile à utiliser. Je ne suis pas un écrivain. Je préfère parler et ce livre parle ; il se veut une conversation entre vous et moi. C'est ainsi que je l'ai conçu.

Troisièmement, le présent livre vous invite à l'action. C'est un manuel d'instructions, rempli de principes qui ont fait leurs preuves dans la vie d'un nombre incalculable de personnes, au fil des ans. Vous ne servez donc pas de cobaye.

Lisez d'abord « Votre introduction » et les chapitres 1 et 2. Lisez-les d'un trait si vous en avez le temps. Complétez tous les exercices ; efforcez-vous s'il le faut. Ils ont pour but de mettre en valeur toute l'importance du *pourquoi* de votre engagement dans ce type de commerce. Ce *pourquoi* est primordial et il est impossible de le contourner si l'on veut *actualiser son potentiel avec le marketing de réseau !*

Ensuite, relisez attentivement les chapitres un à un. Lisez-les, apprenez à gérer les différentes facettes de votre entreprise de marketing à paliers multiples/marketing de réseau et mettez en pratique les principes et les techniques qui y sont présentés. Notez bien que, pour des raisons de simplicité, nous utiliserons l'expression marketing de réseau pour désigner à la fois le marketing à paliers multiples et le marketing de réseau ; il s'agit de la même industrie. Je choisis d'utiliser l'expression « marketing de réseau » car elle est pour moi plus « progressive ».

Dans chaque chapitre, vous découvrirez plusieurs merveilleuses idées et, plus d'une fois, vous vous exclamerez : « Ah, ah ! » Ces bonnes idées produiront de bons résultats. Mettez-les à l'épreuve et voyez ce qu'elles vous apportent. Et à partir du moment où elles fonctionnent pour vous, partagez-les avec les gens de votre organisation. Pas besoin d'attendre au chapitre 10 (La formation du nouveau distributeur) pour transmettre aux autres vos nouvelles connaissances. C'est en fait un des objectifs du présent livre. « Nous enseignons le mieux ce que nous avons le plus besoin d'apprendre. »

Quatrièmement, connaissez-vous l'histoire du jeune homme, à New York, qui demanda à un violoniste renommé comment se rendre à la salle de concert Carnegie Hall ? Le violoniste lui répondit : « Avec de la pratique, jeune homme, avec de la pratique ! »

Il en est de même pour le présent ouvrage. Bien que rempli de bonnes idées, elles ne servent à rien tant qu'elles ne sont pas mises en pratique.

La connaissance n'est pas source de pouvoir tant qu'elle n'est pas combinée à l'action. Cela me rappelle l'histoire du vieux marin à qui on demandait : « Si un homme tombait à l'eau, de ce quai, se noierait-il ? » Et le vieux marin répondit : « Tomber à l'eau n'a jamais tué personne, c'est d'y rester qui est mortel. »

Donc, lisez le présent livre et mettez immédiatement en pratique ce que vous y apprenez ! Je sais que les principes fonctionnent car, depuis des années, j'ai aidé des milliers de personnes à les appliquer avec succès. Il suffit de faire de même pour vous en convaincre. Et comme on dit : « S'ils sont efficaces, adoptez-les ! »

Une autre suggestion : après avoir lu le présent livre une première fois, relisez-le à plusieurs reprises. Même après vingt lectures, vous y découvrirez encore du nouveau.

Finalement, « travaillez intelligemment » en mettant le présent livre au travail pour vous dans votre commerce !

Chaque fois que vous parrainez de nouveaux distributeurs, demandez-leur de lire « Votre introduction » et les deux premiers chapitres avant qu'ils ne prennent part à votre programme de formation pour nouveau distributeur. Lorsqu'ils auront compris *pourquoi* ils veulent exploiter un commerce de marketing de réseau, le *comment* s'enseignera de lui-même. Cette méthode éprouvée vous garantira un départ fulgurant.

Au fur et à mesure qu'ils mettront en pratique les principes exposés dans ces deux premiers chapitres, vous constaterez que vous avez créé un système de duplication hors pair.

C'est la clé pour atteindre l'indépendance financière de la façon la plus sûre et la plus rapide possible. Et c'est ça *actualiser votre potentiel avec le marketing de réseau !*

Votre introduction : Comprendre le marketing à paliers multiples/marketing de réseau : une question d'amour !

Aimeriez-vous découvrir de nouveaux horizons, des possibilités illimitées ? C'est simple : tombez amoureux du marketing à paliers multiples/marketing de réseau. Je ne parle pas de s'en éprendre pour l'argent ou de penser que c'est une « idée intéressante », je parle de vraiment tomber amoureux. Si vous aimez cette forme d'entreprise autant que vous aimez votre produit et votre compagnie, votre succès est assuré ! Qu'y a-t-il à aimer ? Voilà le propos de cette introduction.

Mon premier contact avec cette industrie remonte à plus d'une décennie.

Un ami m'avait invité à participer à une réunion d'affaires qu'il tenait chez lui. Ce soir-là, un homme nous parla d'une compagnie et d'un produit, puis il nous fit part d'une occasion d'affaires qui s'appelait, à l'époque, « marketing à paliers multiples ».

Il traça des cercles sur un tableau. Je n'avais jamais vu ces cercles. Vous savez de quoi il s'agit ? « Ce cercle vous représente, ces cinq cercles sont les personnes que vous parrainez personnellement, ces 25 cercles représentent… » et ainsi de suite.

J'étais *renversé !*

En retournant chez moi, je n'avais que ces cercles en tête. J'étais emballé. Jamais je n'avais connu un tel enthousiasme !

De quoi s'agissait-il ?

Ce n'était pas la compagnie qui me passionnait. Ce n'était pas non plus les produits ni la perspective du succès « après tant d'années à un emploi sans promesse », car je connaissais déjà la réussite : mon entreprise médicale progressait année après année.

Non. Je devais plutôt mon enthousiasme au fait que, pour la première fois de ma vie, on m'avait présenté un système d'entreprise qui cadrait totalement avec mes propres valeurs.

On me proposait un moyen de satisfaire tous mes désirs tout *en aidant les autres !* On m'avait démontré que mon niveau de succès pouvait être directement proportionnel au *service et au soutien que j'offrirais aux autres.*

Cette nuit-là, étendu dans mon lit alors que je fixais le plafond, une myriade de possibilités défila devant mes yeux. Je me rendais compte que ce nouveau système d'entreprise *vraiment* libre me permettrait d'actualiser mon potentiel, tout en influençant les gens d'une façon positive. C'était au-delà de tous mes rêves.

Et je compris pertinemment, ce soir-là, que c'est ce que je ferais pour le reste de mes jours.

Le but de ma vie

Avant tout, il m'était primordial d'établir le but de ma vie, ce qui me permettrait de canaliser mon énergie et d'optimiser cette nouvelle aventure. Toute la nuit, j'y ai pensé, et à l'aube, j'avais trouvé !

Le but de ma vie : *avant de mourir, avoir un million d'amis.*

Chaque jour, depuis cette longue et merveilleuse nuit d'il y a plus d'une décennie, je tends vers ce but.

Je sais, sans l'ombre d'un doute, que tant et aussi longtemps que je demeure concentré sur mon but, je n'ai pas à me préoccuper des autres facettes de ma vie car elles s'harmonisent *parfaitement* d'elles-mêmes.

Je n'ai aucune préoccupation financière. Depuis que mon intention est d'avoir un million d'amis, jamais l'argent n'a manqué. Connaissez-vous le livre intitulé *Do What You Love And The Money Will Follow (Faites ce que vous aimez faire et l'argent sera au rendez-vous) ?* Et bien, je fais ce que j'aime et, oui, l'argent est au rendez-vous !

Je n'éprouve jamais de difficulté à prendre une décision, quelle que soit la situation. Mes choix sont automatiques. Je fais tout ce qui me rapproche de mon but et j'évite tout ce qui m'en éloigne. Un jeu d'enfant !

Pour la première fois de ma vie, je découvrais un système qui me permettait de me fixer un but démesuré, tout en le rendant réel et accessible. Comprenez-moi bien : ce but qui, avant le marketing de réseau, semblait impensable, voire inimaginable, aujourd'hui guide ma destinée quotidiennement, *sans effort* de ma part.

Et tout ça grâce au marketing de réseau !

Que vous offre au juste le marketing de réseau ?

Je n'essaie pas de vous convaincre de vouloir un million d'amis, bien que si c'est là votre désir, j'en serai fort heureux.

Je crois fermement que le marketing de réseau est un système si unique et si extraordinaire qu'il pavera la voie à de nouvelles possibilités dans tous les domaines de votre vie, comme il l'a déjà fait pour des milliers de personnes. Dès lors que vous aurez saisi le potentiel illimité du marketing de réseau, vous exposerez enfin vos aspirations et vos désirs les plus profonds, aspirations et désirs que vous n'imaginiez même pas.

Pourquoi ? Parce que le marketing de réseau rend possible l'impossible.

Comment ?

Le marketing de réseau guide les gens vers leur destinée. Il accélère le processus d'apprentissage, favorise la croissance personnelle et permet d'être plus productif et d'apporter une plus grande contribution à soi-même et au monde. Le marketing de réseau vous accorde la chance de décupler votre créativité et d'avoir ainsi un impact appréciable et bénéfique sur la vie de centaines, de milliers, voire de *millions* de personnes en vertu du pouvoir inhérent à la nature de cette industrie.

Je m'explique.

Qu'est-ce que le marketing de réseau ?

À ma connaissance, aucun autre système d'entraide, que ce soit dans le domaine des affaires, des sports ou des relations, ne met si complètement en valeur le libre arbitre et le sens des responsabilités de l'individu.

Dès le premier jour au sein du marketing de réseau, vous êtes libre !

Vous *choisissez* avec qui vous voulez travailler, pour quelle compagnie, avec quel produit ou service, sans oublier la façon dont vous voulez travailler. Vous *choisissez* vos heures et vos jours de travail : vous établissez votre propre horaire. Vous *choisissez* où vous travaillez : à la maison, au bureau ou sur la route. Vous *choisissez* comment vous travaillez : face à face, courriel, Internet, courrier, téléphone, petits groupes ou grands rassemblements. Vous *faites vos choix* dans tous les aspects de votre entreprise. *Vous choisissez parce que c'est votre entreprise.*

De plus, votre entreprise de marketing de réseau n'est pas alourdie par les tâches administratives et les obligations financières auxquelles font face la plupart des commerces traditionnels. C'est la compagnie avec laquelle vous travaillez en tant qu'entrepreneur indépendant qui s'occupe du capital, de l'administration, de la comptabilité, du traitement des données, du développement des produits, des achats, de la production, de l'emballage, de la mise en marché, des primes de rendement, de la production d'accessoires à la vente, de l'entreposage, de l'expédition, etc. C'est à la compagnie qu'incombent ces responsabilités, *pas à vous.*

Alors en quoi consiste votre travail ? Bonne question !

Votre travail est décrit dans les trois points suivants :

1. Utiliser et aimer les produits

Il n'y a pas d'autre moyen et c'est très bien ainsi. Le marketing de réseau offre les produits et services les plus extraordinaires au monde. Cette industrie abonde en produits uniques, de fine pointe, qui procurent les résultats les plus spectaculaires chez les gens qui s'en servent.

Il suffit de penser à des produits qui aident à perdre des kilos et à maintenir un poids idéal chez des gens qui ont déjà essayé toutes sortes de régimes, sans succès ; et des produits nutritionnels et de santé qui allègent les symptômes de la maladie et qui, en augmentant l'énergie et en procurant une plus grande clarté d'esprit, transforment la vie des gens.

Dans le marketing de réseau, vous trouverez des articles personnels et ménagers qui font l'impossible : des produits d'entretien, des désodorisants, des shampooings, des savons, des pâtes dentifrices, etc., qui surpassent ceux offerts en magasin. Ces produits sont si remarquables qu'il faut les essayer pour constater leur qualité supérieure. Par exemple, il y a des produits qui augmentent le rendement de votre voiture tout en respectant l'environnement.

Le marketing de réseau a permis la distribution de systèmes domestiques de filtration d'eau, créant ainsi une industrie d'un milliard de dollars. Certains services ou adhésions en réseau permettent à des gens ordinaires de faire des investissements, d'organiser leurs voyages et de jouir d'avantages jusque-là réservés à une classe privilégiée d'individus.

Il n'y a pas de fin à cette liste de produits et de services remarquables. Les meilleurs produits au monde sont disponibles par l'entremise du marketing de réseau.

Donc, votre première tâche est facile à accomplir : aimez votre produit, soyez votre meilleur client. Ainsi, tout le monde en sortira gagnant.

2. Faire connaître et recommander les produits

C'est tout simple, on le fait sans y penser. D'ailleurs, tout le monde le fait, à moins d'être cachottier.

Quand on voit un bon film ou découvre un bon restaurant, on en parle d'emblée à nos amis. De même, avant d'acheter votre téléviseur ou votre voiture, avant de vous établir dans un quartier, vous en avez probablement parlé à vos amis qui vous ont fait part de leur expérience. Vos choix ont été influencés par leurs opinions.

Les professionnels du marketing savent que trois choses leur garantiront un succès durable :

1. D'abord, ils doivent vous convaincre *d'essayer* leurs produits.
2. Ils doivent ensuite vous convaincre de *les utiliser régulièrement.*

Et par-dessus tout, ce dont rêvent les professionnels du marketing de réseau :

3. C'est que vous aimiez leurs produits à un point tel que vous les *recommandiez* à d'autres.

Les compagnies de marketing de réseau vous récompensent directement pour avoir recommandé leurs produits à d'autres.

En d'autres termes, ces compagnies choisissent de vous récompenser pour votre travail de mise en marché.

C'est comme si vous étiez payé pour être un ami et, comme les amis partagent les bonnes nouvelles, quand vous découvrez un produit ou un service qui vous offre de merveilleux avantages, vous avez hâte d'en parler aux autres. Dans le marketing de réseau, c'est exactement ce pour quoi vous êtes payé. Pensez à cet argent comme une façon pour la compagnie de vous dire merci. Plus vous vous faites d'amis, plus votre potentiel, votre contribution et vos récompenses sont grands.

3. Encourager les gens à joindre votre équipe et les parrainer

Quand les gens verront que vous prenez plaisir à bâtir votre entreprise, que l'affaire est simple, que vous faites de l'argent et que les gens de votre organisation et de votre compagnie vous aident, ils voudront faire équipe avec vous.

Dans le marketing de réseau, on ne « force pas la main » et on ne « vend pas sous pression ». On offre plutôt une occasion d'affaires et on laisse le choix aux gens. Il ne s'agit pas de persuader ni de convaincre mais de « découvrir qui est intéressé ». Voilà tout.

Vous parrainez le nombre de personnes que vous voulez, peu ou plusieurs. En parrainant, vous êtes responsable d'enseigner comment vous faites ce que vous faites, c'est-à-dire que vous enseignez les trois points suivants :

1. Utiliser et aimer les produits.

2. En parler à d'autres.

3. Parrainer d'autres personnes dans votre organisation.

Il n'en tient qu'à vous

Vous établissez vos propres critères de succès. Personne n'évalue votre performance. Il n'y a pas de superviseur ou de patron pour vous dire quoi faire, comment et quand le faire.

Vous déterminez aussi votre propre éthique et vos attitudes. Vos pensées et vos sentiments se reflètent directement dans les résultats que vous obtenez. Vous êtes récompensé en proportion de vos valeurs et des efforts que vous déployez. Personne dans cette entreprise ne vous empêchera de travailler juste assez pour survivre ou de vous envoler vers les plus hauts sommets du succès. *Il n'en tient qu'à vous.*

Personne n'est mieux qualifié que vous pour réussir dans le marketing de réseau, qu'on soit plus instruit ou plus riche, qu'on vienne d'un milieu social ou économique plus favorisé ou qu'on ait ou non un « talent inné ».

Dans cette entreprise, tout le monde part réellement sur un pied d'égalité et le succès dépend entièrement de l'équilibre que nous créons entre notre liberté et nos responsabilités.

Votre conception du marketing de réseau

Une des personnes que je respecte le plus dans le marketing de réseau est K. Dean Black, détenteur d'un doctorat. Dans un dépliant exceptionnel qui s'intitule *The MLM Simple Success Guide*, il offre une explication claire et concise des rouages du marketing de réseau. Je cite ici un passage tiré de ce dépliant :

« Quand les gens ne réussissent pas et qu'ils se sentent frustrés, en colère ou découragés, c'est souvent parce qu'ils ne voient pas la réalité telle qu'elle est. Quand leur vision s'éclaircit et qu'ils discernent la réalité, ils réussissent et ils sont heureux. »

Les distributeurs qui ont du succès ont une vision réaliste des quatre domaines suivants : (1) le marketing à paliers multiples (de réseau) ; (2) la compagnie ; (3) eux-mêmes ; et (4) les autres. Les distributeurs qui ne réussissent pas sont affectés par une vision embrouillée d'au moins un de ces domaines.

Toute la vérité sur le marketing à paliers multiples (de réseau)

Certains n'aiment pas le marketing à paliers multiples, mais il n'y a rien de mal aux principes qu'il véhicule. Toutefois, la façon dont certains l'utilisent est parfois douteuse.

Voici quelques faits sur le principe du marketing à paliers multiples :

Fait n° 1 : Les structures pyramidales ou à paliers multiples se prêtent à la distribution. Toute organisation qui distribue des produits ou services et qui atteint une certaine envergure prend la forme d'une pyramide avec des paliers inférieurs de plus en plus larges. Le seul fait de déléguer donne lieu à l'édification d'une pyramide à plusieurs niveaux. Les gouvernements sont des pyramides à multiples niveaux ; nos écoles et nos églises aussi. Toute entreprise florissante qui distribue produits et services prend éventuellement la forme d'une pyramide à plusieurs niveaux.

Fait n° 2 : Dans toute structure à paliers multiples, le pouvoir vient de la base. Du haut de sa pyramide, notre gouvernement distribue des services vers la base. De la base, nous déléguons le pouvoir à ce gouvernement par nos votes. Parallèlement, les compagnies de marketing distribuent des produits vers la base d'une pyramide. De là, nous, les consommateurs, leur donnons le pouvoir par nos dollars. Donc, les pyramides engendrent un courant dans les deux sens : d'abord vers le bas, puis vers le haut. La marchandise et les services descendent la pyramide ; en retour, le pouvoir y remonte. Si cette marchandise et ces services cessent de descendre, le pouvoir (sous forme de dollars ou de votes) cesse de monter et le système s'effondre.

Fait nº 3 : Les structures à paliers multiples ne fonctionnent que lorsque les responsabilités sont assumées au plus bas palier possible. C'était l'idée de nos pères fondateurs. Essentiellement, ils disaient que ce que les gens peuvent faire pour eux-mêmes, ils doivent le faire et ce que les gens ne peuvent accomplir eux-mêmes est transmis à l'échelon supérieur. Par exemple, nous ne pouvons paver nos propres rues ni installer nos propres systèmes d'égouts, alors la ville s'en charge. Ce que la ville ne peut faire est assumé par l'État et ainsi de suite.

Quand les échelons supérieurs commencent à faire ce qui pourrait être fait par les échelons inférieurs, le système s'alourdit, ralentit et éventuellement s'effondre.

Le marketing à paliers multiples délègue la responsabilité au palier le plus bas possible, c'est-à-dire aux individus. C'est pour cela que les compagnies à paliers multiples peuvent prendre autant d'expansion en si peu de temps. Cela signifie aussi que la force des compagnies à paliers multiples réside dans la force de caractère de leurs distributeurs.

Les compagnies à paliers multiples font faillite quand les directeurs sous les distributeurs oublient que le pouvoir monte dans la pyramide uniquement quand les biens de qualité descendent ; en d'autres termes, quand les gens recherchent l'argent sans fournir la qualité. Les pyramides illégales du type « chaîne de lettres » illustrent bien ce point. Le seul privilège accordé est le droit de recruter d'autres membres, ce qui n'est pas un privilège du tout. Dans d'autres cas, les gens essaient de créer une illusion de valeur en offrant des produits qui ne sont pas, en fait, le but premier de l'entreprise et qui ont une valeur inférieure au prix exigé. De telles illusions sont éventuellement découvertes et l'argent cesse alors de monter la pyramide et la compagnie s'effondre.

Les compagnies à paliers multiples font aussi faillite, ou acquièrent une mauvaise réputation, quand leurs distributeurs manquent d'intégrité. Alors que certains distributeurs recrutent par la tromperie, d'autres se plaignent et d'autres encore médisent. Certaines lignées de distributeurs se disputent et certaines personnes répandent des rumeurs. Ces faiblesses humaines sont plus facilement exposées dans les compagnies à paliers multiples que dans les compagnies traditionnelles parce que les premières accordent beaucoup de liberté aux gens.

Les compagnies à paliers multiples ne font pas faillite à cause du principe des paliers multiples mais bien parce que les gens qui y sont impliqués n'appliquent pas les principes d'exploitation avec honnêteté et excellence. Alors, faites confiance aux principes directeurs des paliers multiples, assurez-vous de les appliquer avec honnêteté et n'acceptez rien de moins que l'excellence.*

«*L'occasion d'être à leur service et de leur offrir du soutien.*» Les mots me manquent pour vous dire combien ce point est important. Si c'est la seule chose que vous retenez du présent livre, vous tiendrez dans vos mains la clé du succès dans le marketing de réseau.

Une dernière citation du docteur Black:

«Notre esprit vacille entre l'abondance et le manque, entraînant ainsi une attitude d'ouverture ou de fermeture. Notre vie reflète notre état d'esprit. À chacun de choisir l'abondance et de la créer dans la vie des autres et dans la sienne.*»

Encore une fois, «*de la créer dans la vie des autres*». Je vous le dis, voilà une des clés du succès!

---

* «The MLM Simple Success Guide» par K. Dean Black, Ph.D. (Brerie Enterprises, Springville, Utah, États-Unis), p. 1-5.

Le marketing de réseau à l'image de la vie

La « structure naturelle » qui soutient et fait fonctionner le marketing de réseau est la même « structure naturelle » qui vous donne du pouvoir, vous nourrit et vous soutient. Voilà pourquoi ce type d'entreprise est si spécial. Il fonctionne comme les individus. C'est un reflet de la vie.

Que vous arrive-t-il quand vous vous comportez d'une façon égoïste ou égocentrique ? Comment vous sentez-vous face à vous-même et face aux autres ? Votre vie est-elle satisfaisante ?

Que vous arrive-t-il quand vous êtes rempli de compassion et que vous appréciez les autres ? Comment vous sentez-vous alors ? Votre vie est-elle satisfaisante ?

Dans le marketing de réseau comme dans la vie, « on récolte ce que l'on a semé ». On crée soi-même son succès ou son échec.

Vous avez vu ce qui arrive aux nations, aux organisations et aux individus qui sont motivés par l'appât du gain, par la malhonnêteté, l'irresponsabilité et la peur. Vous savez ce qui les attend. Comme l'écrit le docteur Black, les gens et la vie s'éloignent d'eux. Un avenir semblable est réservé aux distributeurs de marketing de réseau animés des mêmes motivations.

Par contre, les gens, la vie et le succès *gravitent* autour des nations, des organisations et des personnes qui offrent « service et soutien ». Il en est de même du marketing de réseau.

Comprendre le marketing de réseau

La raison première pour laquelle les gens ne réussissent pas dans ce commerce est qu'ils ne le comprennent pas. Ils n'en comprennent pas les principes de base et ne mettent pas en pratique les « suggestions de départ » qui rendraient ces principes concrets par l'action.

Il y a ici un grand défi. Il est impossible d'aimer le marketing de réseau sans le comprendre *dans ses moindres détails* et sans comprendre *comment* il fonctionne. D'ailleurs je crois que pour connaître du succès en marketing de réseau, comme dans n'importe quoi, *il faut l'aimer... et beaucoup.*

Cette nuit-là, il y a plus d'une décennie, quand j'ai connu le marketing de réseau, je n'y ai pas vraiment compris grand-chose. Ma tête débordait des possibilités qu'il mettait en évidence. Je *savais* que c'était une chose extraordinaire, mais pourquoi et comment, je désirais ardemment le comprendre.

Couché dans mon lit, les yeux grand ouverts et fixant le plafond, j'imaginais une panoplie de possibilités, les images se bousculant toute la nuit. Au lever du jour, j'avais saisi l'essence de cette entreprise. Je l'avais comprise et je l'aimais. Au fil des ans et de mon implication, mon amour s'est transformé en véritable passion.

Comment y parvenir ?

C'est une question d'amour ! Il n'y a pas d'autre façon.

Comment parvenir à aimer ce domaine d'affaires ?

On peut d'abord en *tomber amoureux*, avoir le coup de foudre. C'est ce que j'ai vécu. Mais j'ai fait une deuxième chose aussi : j'ai appris à *l'aimer.*

Grâce au présent livre, il se pourrait que je puisse vous aider, vous et les gens de votre organisation, à tomber amoureux du marketing de réseau. Je ne suis pas certain d'y arriver toutefois parce que cela relève beaucoup plus de vous que de moi.

Malgré tout, *j'ai tout à fait confiance que je peux parvenir à vous faire aimer cette entreprise*. C'est ma tâche. Ce que j'aime faire, c'est enseigner à des gens comme vous à atteindre le succès dans le marketing de réseau. J'ai déjà enseigné à des milliers de personnes et je m'approche de mon but d'avoir un million d'amis.

Êtes-vous prêt à commencer ?

Alors laissez-moi vous dire ce que nous allons faire.

Le but du présent livre

Connaissez-vous l'expression qui dit que « la meilleure façon de maîtriser un sujet est de l'enseigner » ? C'est tout à fait vrai ! Voilà une des principales raisons pour lesquelles il ne s'agit pas d'un livre « *d'auto-apprentissage* » comme tel, mais plutôt de formation que vous pouvez utiliser pour *enseigner et former les membres de votre organisation à réussir !*

Dans le présent livre, vous découvrirez de nouveaux outils et de nouvelles techniques qui vous permettront d'améliorer immédiatement votre performance et votre productivité. Vous aurez alors envie d'utiliser cette nouvelle information lors de votre prochain appel téléphonique ou de votre prochaine présentation, et c'est tant mieux car c'est certainement mon intention. Par contre, la pleine valeur de mon livre vous apparaîtra quand vous en découvrirez le secret ; quand tous les morceaux tomberont en place et que vous saisirez pour la première fois combien le programme que je vous enseigne est simple, agréable, bien structuré, facile à reproduire et extraordinairement puissant.

Le présent livre est divisé en deux sections principales

Les deux premiers chapitres révèlent *pourquoi* vous vous êtes associé à ce type d'entreprise. Lorsque vous aurez compris vos *raisons*, vous aurez maîtrisé 90 p. cent du marketing de réseau. Vous apprendrez rapidement qu'il est essentiel pour vous et vos distributeurs de découvrir ces *raisons*. C'est exactement ce que je vous enseignerai.

Les sept chapitres suivants vous démontreront, étape par étape, les aspects fondamentaux de la *méthode pour réussir* dans cette entreprise, depuis la prospection jusqu'à la soirée d'information. Chemin faisant, vous mûrirez des centaines d'idées que vous pourrez mettre en pratique immédiatement pour accroître votre succès et celui de votre organisation.

Le chapitre 10, intitulé « La formation du nouveau distributeur », constitue une synthèse et le chapitre 11 vous montre comment faire pour que votre réseau grandisse de lui-même grâce aux efforts de chacun, et à la duplication. Ceci vous procurera un revenu qui dépasse la simple *sécurité financière* pour vous assurer la *liberté financière* à vie.

Alors, commençons

Oh ! une dernière chose.

Comment saurai-je que vous avez complètement maîtrisé les principes enseignés et que vous les enseignez bien ?

C'est simple : *vous serez meilleur que moi !*

Cela vous étonne ? Il ne faut pas. C'est mon travail et c'est ce que désire tout pédagogue qui se respecte.

Je sais que quand mes étudiants me surpassent, j'ai bien fait mon travail ! C'est mon but avec ce livre. Pour moi, un but est une promesse que je me fais à moi-même, et une chose de laquelle je ne déroge jamais, c'est de tenir mes promesses.

Trouvons donc un endroit confortable où nous pourrons échanger. J'ai tout ce qu'il nous faut sauf un endroit tranquille, un carnet et un crayon. Je compte sur vous pour fournir ces items. Sachez que j'ai très hâte de travailler avec vous.

Chapitre 1

Vos buts et votre objectif

Lorsque vous invitez des gens à faire partie de votre commerce, vous devez d'abord les aider à déterminer leurs buts et leur objectif. Tant que vous ne les connaissez pas, vous ne pourrez pas leur démontrer que votre commerce peut satisfaire leurs désirs profonds. La liberté et le pouvoir inhérents au marketing de réseau peuvent aider à atteindre tous les buts. Il faut donc savoir utiliser le commerce chacun à sa façon pour satisfaire ses propres buts. Voilà la première étape du succès dans cette entreprise.

Peut-être avez-vous omis de lire les sections « Comment utiliser ce livre » et « Votre introduction : Comprendre le marketing de réseau » pour vous attaquer d'emblée au cœur de la matière. Votre enthousiasme me réjouit. Par contre, l'information contenue dans ces premières sections fait partie intégrante du message global du présent ouvrage. Je vous prie donc de prendre le temps de les lire tout de suite. Si c'est déjà fait, nous sommes prêts à commencer.

En tant qu'éducateur en marketing de réseau, je m'intéresse beaucoup à la *façon de faire*. Une des lacunes de notre commerce est que si peu d'entre nous ont reçu une formation adéquate dans ce domaine. La tâche première d'un parrain ou d'un éducateur en marketing de réseau est la même que celle d'un parent : « enseigner à ses enfants ».

Par ailleurs, malgré l'importance du *comment*, le *pourquoi* doit toujours avoir préséance. On dit que la maîtrise d'un domaine dépend à 10 p. cent du *comment* et à 90 p. cent du *pourquoi.* Quand le *pourquoi* est en place, le *comment* suit de lui-même.

Je vous explique.

Au-delà des buts

Il existe une grande quantité d'information orale et écrite sur les buts. Dans mon interaction intensive avec des milliers de personnes au fil des ans, soit en atelier, en consultation privée ou dans des séminaires, j'ai commencé à regarder d'un nouvel œil cette idée d'établir et d'atteindre des buts.

Trop souvent, le but devient une fin en soi et c'est une erreur ! Un but n'est *pas* une fin en soi et il est vital pour un éducateur en marketing de réseau de bien le comprendre.

Les buts en tant que forme de reconnaissance

Malheureusement, la plupart du temps, nous établissons nos buts en fonction des résultats matériels que nous désirons obtenir, par exemple ce que l'argent nous permet d'acheter ou d'être. Nous travaillons très fort pour les atteindre.

Une fois atteints, la plupart des buts ne nous procurent pas la satisfaction escomptée, sans doute parce que nous les considérons comme une fin en soi.

Imaginons plutôt un but comme « un moyen ».

Les buts doivent servir d'étapes qui nous indiquent si nous nous rapprochons de notre objectif plus large. Je ne suis pas de ceux qui tiennent des comptes car je n'aime ni la compétition ni la comparaison. Les seuls critères que nous devrions utiliser pour évaluer notre performance sont les valeurs personnelles qui nous inspirent. Nous ne devrions pas nous comparer aux autres, à ce qu'ils veulent, à ce qu'ils attendent de nous ou à ce qu'ils semblent avoir accompli.

Dans un sens, atteindre un but est une forme de reconnaissance qui nous indique que nous sommes en voie de devenir la personne que nous désirons devenir.

C'est ce qu'on appelle la voie du maître.

Votre objectif personnel

La plupart d'entre nous avons réalisé pendant notre enfance que nous avions quelque chose de spécial, un talent unique ou une capacité de faire du bien aux autres. Un jour, nous avons *su* que nous pouvions faire une contribution unique sur cette Terre. Vous souvenez-vous ?

Arrêtez-vous un instant et rappelez-vous d'un moment de votre enfance où vous avez eu la certitude que vous étiez un être spécial. Concentrez-vous sur ce que vous croyiez être réellement et sur cette certitude que vous étiez quelqu'un de très spécial.

Fermez vos yeux. Prenez quelques grandes respirations, détendez-vous complètement et remémorez-vous ces souvenirs de votre enfance. Peut-être vous voyez-vous en train de jouer, d'imiter un personnage imaginaire que vous vouliez devenir « quand vous seriez grand » ou encore de rêvasser. Connectez-vous aux pensées et aux sentiments associés à ces souvenirs.

Très bien. Prenez conscience maintenant que ce que vous vouliez devenir n'est pas important, que ce soit pompier, cowboy, diplomate, comédien ou comédienne. Ce qui est important est la façon dont vous vous sentiez quand vous vous imaginiez dans la peau du personnage de votre passé. Pour l'instant, mettez de côté le souvenir de ce que vous vouliez devenir quand vous étiez enfant, mais maintenez le contact avec le sentiment que cela a fait naître en vous : la certitude d'avoir une destinée unique. Restez dans cet état pour faire l'exercice suivant.

Et si... ?

Il s'agit d'un exercice que j'utilise souvent. Pour le faire, vous aurez besoin d'un carnet de notes ou d'un exemplaire du présent livre et d'un coin tranquille.

Détendez-vous de nouveau. Pour répondre facilement aux trois questions suivantes, il suffit de laisser libre cours à vos idées sans trop réfléchir. Ne portez aucun jugement sur ce que vous écrivez. Écrivez tout ce qui vous passe par la tête sans contraintes ni conditions. Laissez vos pensées couler sur le papier.

1. **Si je n'avais pas à travailler pour gagner ma vie, qu'est-ce que j'aimerais faire ?** (Un indice : cette question porte sur ce que vous *aimez* faire.)

   ____

   ____

   ____

   ____

2. **Si on me donnait un million de dollars, non imposable, quelle est la première chose que je ferais ?** (S'il vous plaît, ne répondez pas « Je paierais mes comptes » ; il est évident que vous les paieriez. Oubliez la *survie*. Pensez plutôt à de GRANDS projets. Laissez aller votre imagination et pensez à ce que vous aimeriez *réellement* faire avec cet argent.)

   ____

   ____

   ____

   ____

3. **S'il me restait seulement six mois à vivre, qu'est-ce que je ferais de ma vie ?** (Nous parlons de six mois *en santé*. Pas de douleur ou de maladie dégénérative. Que feriez-vous ?)

Quand vous aurez complété cet exercice, prenez le temps de relire vos réponses attentivement. Faites ceci le plus tôt possible !

Certaines des choses que vous avez écrites vous sembleront ridicules ou complètement farfelues. Ce n'est pas grave. D'autres paraîtront évidentes. C'est excellent ! Cet exercice vise à vous révéler *l'essence*, l'âme des choses que vous avez écrites.

Pour chaque élément que vous avez écrit, posez-vous la question suivante : « Si j'avais ou si je faisais cela, qu'est-ce que ça m'apporterait ? »

Il faudra peut-être vous poser cette question plusieurs fois pour chacun des éléments. Chaque fois, vous vous rapprocherez de son essence. C'est comme polir une perle.

Vous saurez que vous êtes parvenu à cette essence lorsque vous ne pourrez plus répondre à la question. À ce stade, ne questionnez plus. Acceptez cette réponse et contemplez-la. Si elle vous convient, adoptez-la.

Rêves et aspirations

Cet exercice vous a permis de mettre à jour l'essence de vos rêves d'enfance et cette essence vous indique le style de vie que vous désirez adopter et la personne que vous désirez devenir. Ce sont là les clés de votre objectif de vie. N'en doutez point : *nous avons tous un objectif de vie.*

Écrivez-le maintenant

Avant de vous demander d'écrire votre objectif de vie, je veux que vous compreniez pourquoi il est important de l'écrire.

Vous avez déjà entendu le dicton suivant : « Vous êtes ce que vous mangez. » Je ne sais pas si c'est vrai, mais je suis certain de ceci : « *Vous êtes ce que vous pensez être.* »

Nos pensées sont très puissantes. Elles façonnent nos vies et une manière de les préciser est de les écrire.

Écrire est une action très puissante. En écrivant quelque chose, nous nous y engageons. Nous confions ce que nous avons écrit à notre subconscient. Quand notre engagement est exprimé clairement et de façon positive, au temps présent, notre subconscient l'accepte comme un fait accompli. Il croit à la réalisation de cet objectif à un point tel qu'il fera tout pour qu'il se manifeste.

Avant de commencer, je voudrais partager mon objectif de vie avec vous.

> *À tous ceux qui désirent éducation et soutien dans leur quête de réalisation et d'excellence, je m'engage à vous servir. Je promets de mettre à votre service mes outils : la compassion, l'intégrité et l'exemple. Je le ferai avec amour afin de contribuer et d'être heureux et prospère. Tout ce que je fais, chaque nouvelle occasion d'affaires que je considère et toute action que j'entreprends doivent être en parfait accord avec mon objectif de vie. Je sais qu'en poursuivant cet objectif avec passion je grandirai et, plus je grandirai, plus mon objectif grandira. Je ne l'accomplirai jamais totalement. Je serai toujours à sa conquête. En conséquence, j'atteindrai,*

je ferai et je deviendrai plus que je n'ai jamais été ou fait auparavant, pour moi-même et pour les autres.

Un objectif de vie est sans fin. Ce n'est pas quelque chose qu'on accomplit un jour pour ensuite en prendre congé. En fait, si vous atteignez votre objectif dans cette vie-ci, c'est parce que ce n'est pas votre objectif réel.

Prenez le temps qu'il faut, immédiatement, et décrivez votre objectif de vie en un paragraphe ou deux. Si votre objectif prend plus d'une page, c'est qu'il peut probablement être exprimé de façon plus concise.

Choisissez bien vos mots. Définissez votre objectif avec toute la clarté, la précision et l'amour dont vous êtes capable. Allez-y maintenant.

Définition de mon objectif de vie

Alors, qu'en pensez-vous ? Comment vous sentez-vous ?

Laissez-moi partager avec vous ce que j'ai ressenti quand j'ai (finalement !) écrit mon objectif de vie.

Je voyageais en avion avec mon associé Tom, en route verse Minneapolis, où je me rendais pour animer un atelier de deux jours. J'étais tout fin prêt, papier et crayon en main, à définir mon objectif. Depuis longtemps déjà je désirais le faire. Puisque Tom dormait à côté de moi, le temps était idéal pour m'y mettre.

J'écrivais avec frénésie, raffinant mes propos, choisissant mes mots avec soin. J'ai mis une heure et demie à écrire ce simple paragraphe. Une fois terminé, quelle exaltation ! J'ai bondi de mon siège. Je croyais exploser. Je ne pouvais plus me contenir et certainement pas rester assis ! Je faisais les cent pas dans l'allée, un large sourire aux lèvres, désireux de me précipiter dans le poste de pilotage et de communiquer mon but à tous les passagers. Ce fut un des moments les plus intenses de ma vie.

Pourquoi tant d'enthousiasme ?

Parce que lorsqu'on découvre son objectif réel, on expose du même coup une quantité infinie de ressources extraordinaires qui permettent d'accomplir de grands exploits dans tous les domaines. Cela ouvre les portes à un flot extraordinaire d'énergie créatrice, comme une écluse qui libère soudainement une quantité d'eau immensurable.

La puissance que vous sentirez quand vous toucherez à votre objectif réel est indescriptible. Cette puissance, c'est la passion.

Objectif = passion

La passion, mes amis, est la clé de votre puissance personnelle !

Avez-vous déjà rencontré quelqu'un, vu un film ou lu un livre touchant une personne totalement passionnée par la vie ? Impressionnant, n'est-ce pas ?

Vous vous souvenez du discours du docteur Martin Luther King : « J'ai un rêve » ? Ou de l'appétit de vivre du président Kennedy ? Ou de son affirmation incroyable qu'on marcherait sur la lune au cours des dix années suivantes ? Vous vous souvenez de la détermination inébranlable de Gandhi à libérer son peuple ?

Pensez-y un instant. Qu'est-ce qui a poussé ces gens à accomplir des choses toujours plus grandes ?

Je crois que c'est... leur passion !

Qu'importe leur mode de vie ou leur façon de s'exprimer, le feu de la passion est commun à tous les grands hommes et à toutes les grandes femmes. Un *objectif de vie* constitue la pulsion qui nourrit cette passion.

Les objectifs de tous ces gens ont une chose en commun : ils sont tous plus grands que la vie !

Vous êtes *extra*ordinaire

Vous connaissez le film *Ordinary People ?* (*Des gens comme les autres*). Selon moi, personne n'est ordinaire !

Je gagne ma vie à côtoyer des milliers de personnes qui se disent ordinaires et je n'en ai pas encore rencontré une seule qui le soit vraiment.

Oh, peut-être ces gens vivent-ils présentement des circonstances ordinaires. Cependant, quand ils découvrent l'objectif réel de leur vie, quand ils entrevoient les possibilités qui s'offrent à eux, ils se révèlent toujours être des personnes extraordinaires. Lorsque quelqu'un découvre son objectif réel et que vous l'aidez à toucher à ce qui est réellement important pour lui dans sa vie, *prenez garde !* Ses valeurs et son engagement s'embrasent et il « monte en flèche » ! C'est très émouvant !

L'engagement

Parlons maintenant de l'engagement. L'engagement est d'une simplicité ! Nous sommes nés engagés. C'est vrai ! Ce n'est pas une chose que nous devons fabriquer. L'engagement est déjà en nous, il ne nous reste qu'à le découvrir. Comment ? En découvrant notre objectif de vie.

Il est impossible de s'engager dans quelque chose qui n'est pas totalement congruent avec notre objectif de vie. Je voudrais partager avec vous la plus belle définition de l'engagement que j'ai jamais lue et de la puissance que celui-ci peut dégager dans nos vies. Cette définition provient de W.H. Murray, membre de la Deuxième expédition himalayenne.

> *Tant que quelqu'un n'est pas engagé, il y a toujours de l'hésitation, la possibilité de reculer, l'inefficacité. Pour toute initiative et toute « création », il existe une vérité fondamentale et c'est l'ignorance de cette vérité fondamentale qui tue dans l'œuf d'innombrables idées et de splendides projets. Et cette vérité est que du moment où on s'engage définitivement, alors la Providence s'y met aussi. Nous recevons de l'aide inespérée. Des séries d'événements favorables et inattendus découlent de cette décision. Il arrive toutes sortes d'incidents imprévus, de rencontres fortuites et d'aide matérielle dont aucun n'aurait même rêvé.*

J'ai aussi beaucoup de respect pour ce texte de Goethe :

> *Tout ce que vous pouvez faire, tout ce que vous rêvez de faire, faites-le. L'audace a du génie, de la puissance et de la magie.*

«*Du génie, de la puissance et de la magie...*» Voilà quelques outils intéressants, n'est-ce pas? Alors voyons comment appliquer ces outils à nos buts.

Les buts sont des étapes

Vous avez une vision grandiose, audacieuse, un objectif qui semble illimité? Comment commencer à le réaliser? Il faut y aller une étape à la fois.

Il y a un vieux proverbe chinois qui dit: «Un voyage de mille kilomètres débute par un premier pas.» Ce premier pas, ainsi que tous ceux qui suivront, représentent vos buts. Vos buts vous garderont sur la bonne voie dans la quête de votre objectif de vie. Ce sont eux qui rendent votre cheminement plus agréable et plus satisfaisant.

Les buts aident de plusieurs façons

Les buts nous aident à atteindre notre objectif en mesurant notre progrès. Cela est comparable à un long voyage: on atteint d'abord un point sur une carte géographique, puis une ville, une autoroute, une frontière, etc. Les buts nous révèlent que nous sommes sur la bonne voie et que nous progressons; ou encore ils nous indiquent que nous ne sommes plus sur la bonne voie et qu'un ajustement s'impose.

Il est important de comprendre que nos buts nous aident à augmenter notre vitesse de croisière. Chaque but atteint augmente notre capacité à atteindre le suivant, et le suivant... Quand vous établissez un but, vous vous engagez à l'atteindre, vous le visualisez, vous travaillez pour vous en approcher et finalement vous l'atteignez. Alors vous avez la satisfaction d'avoir accompli quelque chose. Mais encore plus important que ce que vous avez fait est ce que vous êtes *devenu*.

Quelle sorte de personne établit et atteint ses buts ?

Vous avez deviné juste : *une personne qui réussit.*

Quel genre de personne établit et atteint systématiquement ses buts ?

Encore une fois : *une personne qui réussit,* une personne qui nourrit une source de passion grandissante qu'elle peut utiliser dans la quête de son objectif. Une personne puissante. Une personne *qui donne du pouvoir* aux autres.

Laissez-moi vous confier une chose que j'ai apprise sur les objectifs de vie à force de travailler avec tant de gens extraordinaires : *tous les objectifs de vie visent à aider les autres et à augmenter leur puissance personnelle !*

Définir votre objectif

Votre objectif est un point de repère, un phare qui vous guide et vous empêche d'être distrait. Vos buts sont des étapes indispensables qui vous amènent à *devenir* votre objectif. C'est pour cela que votre objectif est éternel.

Votre objectif n'est pas quelque chose que vous *faites mais* que vous *êtes.* Cette différence est très importante. Vivre votre objectif est votre *façon d'être. ÊTRE.* Souvenez-vous : nous sommes des « êtres humains », pas des « faires humains ».

Avec un objectif clair et bien articulé, vous ne vous égarerez pas, quoi qu'il arrive. Vous saurez toujours quels choix vous rapprochent de votre objectif et quels choix vous en éloignent.

Quand les temps sont durs, votre objectif vous aide à passer au travers. Sans objectif, vous ne ferez que vous demander pourquoi vous éprouvez des difficultés.

Si vous tenez votre objectif en haute priorité et que vous vous retrouvez dans la « vallée du désespoir », vous verrez toujours une lueur d'espoir au-delà de la prochaine colline. Alors vous accepterez vos difficultés et transformerez les obstacles en échelons. Éventuellement, vous grimperez jusqu'à la lumière brillante du succès.

Votre objectif, ainsi que la passion qu'il suscite, vous investissent de la puissance nécessaire pour monter toujours plus haut, malgré les moments difficiles.

Pourquoi le marketing de réseau est si spécial

C'est le cadre idéal pour aider les autres à réussir leur vie. Le marketing de réseau vous permet de contribuer de façon importante à la vie des gens. Il vous récompense personnellement, financièrement et abondamment, simplement parce que vous *êtes* qui vous êtes.

Pas si mal pour un commerce à temps partiel !

Alors parlons des choses que vous pouvez *faire* pour atteindre vos buts et de la façon dont vous pouvez *être* votre objectif à travers le marketing de réseau.

Une entreprise de marketing de réseau qui réussit

En premier lieu, prenez votre objectif dans une main et l'« occasion d'affaires » dans l'autre et posez-vous la question fondamentale suivante :

« Est-ce que mon entreprise de marketing de réseau, cette compagnie, sa philosophie, les gens qui y travaillent, ces produits et ces services sont le véhicule parfait pour moi, aujourd'hui, et est-ce qu'ils m'assisteront dans la poursuite de mon objectif de vie ? »

La réponse est « oui » ou « non ». Il n'y a pas de « peut-être ».

Il est très important d'être honnête avec vous-même en répondant à cette question. Si vous croyez sincèrement qu'il y a un meilleur moyen plus rapide pour vous permettre de devenir ce que vous désirez devenir, alors allez-y, liquidez votre entreprise et choisissez plutôt de faire ce que vous aimez et voulez faire. Vous pouvez continuer à utiliser les produits et les services si vous le désirez, mais il n'est probablement pas dans votre intérêt de mettre plus d'énergie dans votre commerce. Vous ne pourrez utiliser votre puissance à pleine capacité pour atteindre votre objectif, ni la communiquer à vos associés. Vous comprenez, n'est-ce pas, combien il est important de découvrir ceci le plus tôt possible, avant d'investir beaucoup de temps et d'argent ?

Si, par contre, vous répondez honnêtement « oui », c'est merveilleux. Cela signifie :

« Oui, mon commerce de marketing de réseau, cette compagnie, les gens qui y travaillent, ce concept, ces produits ou ces services, constituent un véhicule idéal qui me permettra d'atteindre mon objectif. Ce véhicule me fournira éventuellement les ressources financières dont j'ai besoin, augmentera mon cercle d'influence, aiguisera mon sens des affaires et nourrira ma confiance en moi. »

Si vous pouvez vous dire tout cela, alors je vous dis : *pourquoi ne pas devenir passionné de votre commerce ?*

Pourquoi ne pas le reconnaître pour ce qu'il est réellement, c'est-à-dire l'occasion de vous exprimer pleinement et de vivre votre vie à fond ? Arrêtez de jouer. Engagez-vous inconditionnellement et faites fonctionner votre commerce.

Si vous n'avez que huit heures par semaine à y consacrer, engagez-vous à y consacrer ces huit heures. Faites tout ce que vous pouvez faire pour rendre ces heures les plus productives possible. Si vous avez 60 ou 80 heures à y consacrer, alors faites-le !

Peut-être ne savez-vous pas comment vous y prendre. C'est sans importance car je peux vous aider.

Je promets de vous enseigner comment utiliser les principes enseignés dans le présent livre. Je promets de faire de vous un *maître éducateur.* Je promets aussi de vous enseigner à utiliser votre commerce de marketing de réseau pour réaliser le rêve de votre vie ! Voilà mes promesses.

Tout cela peut sembler invraisemblable, mais ces promesses me sont faciles à faire. Souvenez-vous, *90 p. cent du succès repose sur le* pourquoi *et vous le connaissez.* L'autre 10 p. cent, c'est le *comment.* C'est ce que nous allons aborder maintenant.

Établir vos propres buts

Commençons tout de suite par quelque chose de gros : l'argent.

Beaucoup de gens s'intéressent au marketing de réseau « pour l'argent ». Effectivement, ce type de commerce offre de multiples possibilités de faire de l'argent, mais, chers amis, *il ne s'agit pas exclusivement d'argent !*

Quand vous travaillez à votre objectif, l'argent est au rendez-vous.

Prenons, par exemple, le nom de ma compagnie : *Millionaires In Motion (Millionnaires en action).* La plupart des gens se méprennent sur ce nom. Ils croient que cette compagnie est basée sur l'argent, alors qu'elle l'est sur mon but d'avoir *un million d'amis.* Son rôle est d'aider les gens à cultiver une attitude de millionnaire.

J'ai beaucoup de respect pour notre langue et pour le dictionnaire, mais je crois que la définition du mot « millionnaire » est erronée. Selon le dictionnaire, un millionnaire est quelqu'un qui possède un million de dollars ou plus. Cela ne voudrait-il pas plutôt signifier quelqu'un qui a un million de n'importe quoi de précieux ? Pensez-y. Comparez un million d'amis à un million de dollars. Lequel préféreriez-vous avoir ?

Je connais plusieurs personnes fortunées dans le marketing de réseau, des gens qui gagnent des centaines de milliers de dollars, même un million de dollars ou plus, par année. Et, même si certains d'entre eux ont d'abord été attirés au marketing de réseau par l'argent, ils ont vite saisi que ce n'était pas là l'élément le plus important.

Parfois, la seule façon de s'en rendre compte est de gagner beaucoup d'argent ; on comprend par la suite. Je vous entends déjà dire : « Voilà une leçon que j'aimerais bien apprendre *aujourd'hui*, John ! »

Vous l'apprendrez en temps et lieu. Vous serez beaucoup plus heureux, beaucoup plus satisfait, et vous réussirez bien mieux si vous apprenez cette leçon tout de suite. L'argent peut compenser certaines années de disette mais pas toutes, et de loin.

Arrêtons-nous aux leaders

Tous les leaders en marketing de réseau savent que leur propre succès dépend directement de celui des hommes et des femmes de leur organisation. C'est pourquoi le présent livre constitue un manuel pour enseigner aux gens à enseigner aux autres. Quand vous aurez maîtrisé l'art d'enseigner, vous pourrez enseigner le succès à toute votre organisation. À ce moment-là, l'argent affluera dans votre vie et dans votre compte de banque.

En passant, voici une petite information utile sur l'argent. Il n'est qu'un symbole du pouvoir d'achat. En lui-même, l'argent n'est rien. Donc, quand vous travaillez avec vos buts, ne vous concentrez pas sur l'argent. Dirigez plutôt votre attention sur ce que vous voulez *avoir, faire* et *être*.

L'essence des buts

Afin d'établir des buts motivants, il faut en découvrir l'essence. Comme vous l'avez fait pour votre objectif, prenez n'importe lequel de vos buts et demandez-vous : « Quand j'aurai atteint ce but, qu'est-ce que cela m'apportera ? » Continuez de vous poser la question jusqu'à ce que vous trouviez l'essence de votre but, le *pourquoi* de ce but.

Maintenant, votre but prend la forme d'une image puissante que vous pouvez utiliser pour représenter la qualité de vie essentielle que vous recherchez. Et laissez-moi vous dire qu'il n'y a pas de meilleure façon d'atteindre un but que de visualiser activement les fruits récoltés à sa réalisation. Cela est très puissant ! Dans le chapitre suivant, je vous enseignerai de très bonnes techniques pour y parvenir. Mais d'abord, voici une dernière chose sur l'atteinte des buts.

La plupart des buts ne se réaliseront pas immédiatement. Fermez vos yeux et essayez de faire apparaître une Mercedes dans votre entrée. C'est impossible, n'est-ce pas ? *Vous pouvez, cependant, tout de suite sentir le plaisir de conduire une Mercedes !*

Que représente pour vous une telle voiture ? La liberté ? La sécurité ? Peut-être qu'avoir une voiture de luxe vous procure un sentiment profond de satisfaction et d'estime de vous-même. Vous pouvez vivre ces sensations *immédiatement !* Comme je vous le disais plus haut, faire l'expérience intérieure de la liberté, de la satisfaction et de l'estime de soi est la meilleure manière de créer la manifestation extérieure d'une Mercedes ou de toute autre chose que vous désirez.

Vous possédez la clé

Je serai honnête. La clé de ce chapitre, la façon d'utiliser le présent livre pour qu'il vous procure le succès est de puiser à la source de vos émotions. En étant en contact avec votre objectif de vie et en étant convaincu que le marketing de réseau est totalement congruent avec votre objectif, vous avez libéré votre passion. Et, chers amis, avec le feu de la passion, tout est possible !

« D'accord John, me direz-vous, je suis en contact avec mon objectif. Je comprends que le marketing de réseau est le véhicule idéal qui me permettra d'avoir tout ce que je veux dans la vie. Pour l'instant, j'en suis convaincu. Mais je sais que cette certitude s'estompera un peu ou même beaucoup. Comment l'entretenir ? Comment apprendre à maîtriser les rouages de ce commerce et connaître un succès fulgurant ? »

Je vous l'explique.

Poursuivez votre lecture et je vous montrerai comment prendre cette étincelle d'énergie que vous ressentez présentement et la transformer en un *feu de passion !* Quand vous saurez cela, vous pourrez utiliser ce feu pour illuminer votre vie ainsi que celles de milliers, voire de millions de personnes.

Ensuite, je consacrerai le reste de mon livre à vous enseigner, étape par étape, un programme simple, à toute épreuve, pour maîtriser l'enseignement du marketing de réseau.

Chapitre 2

Les quatre carburants

Prenons l'étincelle de désir que vous avez allumée en entrant en contact avec votre objectif de vie et transformons-la en un feu de passion. Nous y ajouterons du carburant pour le faire brûler avec plus d'ardeur que jamais. Plus spécifiquement, je vous ferai part de quatre sortes de carburant qui vous permettront de jouir d'un succès continu : la visualisation, la foi inébranlable, l'éducation et la connaissance, et un environnement de soutien.

Qu'est-ce que la passion, *vraiment ?*

Selon moi, la passion est une foi inébranlable, un engagement total qui ressemble à l'amour inconditionnel pour la vie ; c'est être en harmonie parfaite avec elle. Voilà pourquoi votre objectif de vie constitue la source de votre passion. Essayez de développer un sentiment aussi fort et aussi profond à propos de quoi que ce soit d'autre. Vous verrez que c'est tout simplement impossible.

Vous pouvez ressentir une passion profonde pour un être aimé, un projet qui vous tient à cœur, un sport ou un loisir. Chacun de ces cas vous permet d'exprimer votre objectif de vie de façon unique. Passion et objectif sont intimement liés ; on pourrait dire qu'il s'agit d'une forme de mariage.

On peut expérimenter la *chaleur* de la passion. Ce n'est pas par hasard que nous utilisons des expressions comme « le feu de la passion » ou « une passion brûlante ». Ces images sont très évocatrices !

La passion jaillit de votre cœur. Quand vous avez une vision claire de votre objectif de vie, quand vous sentez en vous la passion, quand ce que vous faites dans la vie vous sert de véhicule pour exprimer cette passion, il se crée alors un lien direct entre cette source d'énergie créatrice et le moment présent.

Souvenez-vous de cet extrait de la citation sur l'engagement : « *Du génie, de la puissance et de la magie...* » C'est ça la passion ! Quelle joie !

Alors comment alimenter la flamme de la passion ?

Encore une bonne question. Comment alimenter n'importe quelle flamme ? En y ajoutant du carburant.

Vous savez déjà *pourquoi* vous êtes associé au commerce : il vous procure une étincelle de désir. Nous alimenterons cette étincelle avec quatre carburants afin qu'elle s'embrase en une passion qui ne s'éteindra jamais, une passion déterminée à atteindre tous vos buts et à vivre à fond votre objectif de vie ! Voici les quatre carburants :

- la visualisation
- une fois inébranlable
- l'éducation et la connaissance
- votre environnement de soutien

Prenons-les un par un.

Carburant n° 1 : la visualisation

« Une image vaut mille mots », dit-on. Je dirais plutôt qu'une image vaut au moins *un million de mots*, surtout si cette image représente ce que vous désirez *réellement* obtenir et que vous la projetez continuellement et avec force dans votre esprit.

Il faut habituer notre esprit à visualiser le *résultat* de ce que nous désirons obtenir dans la vie. Nous devons développer notre habileté à utiliser des images qui canalisent notre énergie créatrice afin de concrétiser nos aspirations.

Des images de peur

À mes débuts dans cette industrie, j'avais une *peur bleue* de m'adresser à un groupe. C'est une peur très répandue. Toutes les études révèlent que la principale peur des gens est de parler en public. C'est incroyable, n'est-ce pas ? Toutefois, je comprends très bien cette peur.

Savez-vous ce qu'est la peur ?

À son état naturel, la peur est un mécanisme instinctif de protection. Quand l'homme vivait dans les cavernes, c'était la peur qui le tenait loin des crocs du tigre. Cette peur était très légitime et très utile et elle l'est encore aujourd'hui. C'est la peur qui nous empêche de nous jeter aveuglément devant un camion en mouvement. C'est la peur que nous sentons en pensant à la guerre, aux conséquences d'abuser de notre environnement ou de ne pas agir selon notre intégrité…

Et cette « sensation » nous provient des images que nous créons.

Il existe une autre série d'images de peur, tout à fait inutiles celles-là. Je les appelle les peurs artificielles (plutôt que naturelles). Je les appelle ainsi parce que ce ne sont pas des peurs utiles qui nous protègent, mais plutôt des phantasmes que nous créons à propos d'un futur incertain et qui limitent notre vie et nos choix.

Laissez-moi vous raconter une petite histoire. Pendant que je vous la raconte, essayez de la visualiser.

Les vieux lions peuvent *encore* chasser

La nature me fascine et j'utilise beaucoup d'histoires tirées de celle-ci dans mes ateliers et mes séminaires. Voici une histoire de lions.

En vieillissant, les lions perdent leur agilité, leur force et leurs dents. Ils ne sont plus les prédateurs féroces qu'ils étaient dans leur jeunesse. Ils maintiennent néanmoins leur rang dans la bande car ils sont encore indispensables à la chasse.

Quand une bande de lions décide d'attaquer un troupeau d'antilopes, les lions jeunes et forts s'approchent doucement des antilopes d'un côté pendant que les vieux lions s'en approchent par l'autre côté. Au moment propice, les vieux lions édentés se lèvent, font semblant de bondir sur leur proie tout en rugissant à pleins poumons. La proie apeurée détale dans la direction opposée, directement dans les griffes des jeunes lions.

Nous faisons aussi partie du règne animal, mais nous avons la capacité de distinguer les vrais dangers des menaces imaginaires. Nous ne sommes pas, comme les antilopes, condamnées par notre ignorance et nos peurs à devenir un festin pour les lions.

Nous pouvons faire beaucoup mieux, mais nous ne le faisons pas toujours. Pourquoi ?

Parce que parfois, nous devenons fous.

Êtes-vous fou, vous aussi ?

Un fou est quelqu'un qui n'est plus en contact avec la réalité. Dans l'histoire des lions, les antilopes étaient folles. Elles n'étaient plus en contact avec la réalité.

Si elles avaient réfléchi un moment, elles auraient réalisé qu'un vieux lion faible et sans dents ne constitue pas une menace réelle. Elles auraient regardé le vieux lion qui rugissait et lui auraient dit: « Pour qui te prends-tu ? » et elles auraient galopé par-dessus sa tête vers la liberté.

Malheureusement, les antilopes ne pensent pas comme ça. À notre connaissance, seulement les humains peuvent penser ainsi. Pourtant nous nous fabriquons continuellement de fausses peurs à propos d'un futur incertain, et ces pensées nous rendent *fous* telle que ma peur de m'adresser à un public.

J'ai eu la chance, quand je me lançai en affaires, de rencontrer des gens qui comprenaient mes peurs. Ils savaient que j'étais « fou » et ils m'ont aidé à transformer cette peur en une habileté extrêmement utile. Aujourd'hui, je parle à des centaines de personnes à la fois et je le fais si bien, si naturellement et avec si peu d'efforts que les gens ne me croient pas quand je leur dis qu'autrefois j'avais une peur terrible de parler en public. C'est pourtant vrai. Voici comment j'ai appris à surmonter ma peur.

Transcendez vos peurs dans votre tête

J'ai appris à réserver du temps avant chaque présentation pour *créer une image dans ma tête* du résultat positif que je désirais obtenir.

Je me concentrais sur l'image d'une petite réunion intime et je visualisais la fin de la réunion. Je me voyais debout, les participants applaudissant, venant me serrer la main et me disant: « John, c'était très bien. Merci de nous avoir parlé. » Ils ajoutaient: « Je veux m'associer à ce commerce *immédiatement.* Je vois toutes les possibilités qu'il m'offre. Merci beaucoup de m'offrir cette chance. »

Je faisais les cent pas avant la réunion, imaginant plusieurs fois les bienfaits que les gens retireraient de cette présentation et la puissance qu'ils y gagneraient. Dans mon imagination, les gens voyaient qu'ils pourraient satisfaire tous leurs désirs en mettant sur pied leur propre commerce de marketing de réseau.

Je me concentrais sur leur joie et sur tous les bienfaits que leur apporterait cette réunion.

J'ai commencé à m'adresser à des petits groupes de quatre ou cinq personnes. En peu de temps, je parlais à des groupes plus grands.

Bien des années plus tard, je m'adresse à des milliers de personnes à travers le monde, facilement, sans efforts, avec plaisir et j'obtiens de très bons résultats.

Je pratique cette visualisation avant chaque atelier et chaque séminaire. Savez-vous pourquoi ? Parce qu'encore aujourd'hui, après toutes ces années de succès, je deviens parfois un peu fou. Mais aujourd'hui, j'imagine les gens en train de jouir de chaque minute de ma présentation et d'obtenir des résultats exceptionnels, bien au-delà de leurs attentes. Je ne me concentre pas sur la façon dont je vais y arriver mais uniquement sur les résultats que les gens obtiendront.

Des enfants de cinq ans jouent du Mozart

Voici une belle histoire.

Il existe à Philadelphie une école de musique très progressiste. Elle s'appelle New School (École nouvelle). On y enseigne des choses extraordinaires à des enfants extrêmement jeunes. L'école est fondée sur la croyance que nos capacités dépassent largement l'usage que nous en faisons. On croit donc qu'en commençant très jeune, ces enfants pourront faire des choses extraordinaires. On enseigne le violon à des enfants de quatre ou cinq ans. Voyez en quoi consiste leur première leçon.

Les enfants, les parents, les professeurs et les amis s'endimanchent et prennent place dans le théâtre de l'école. Chaque élève, violon et archet en mains, entre sur scène. (N'oubliez pas, ceci est la première leçon de violon.) Quand il arrive au milieu de la scène et salue les gens, l'auditoire se déchaîne, l'applaudit, l'acclame et lance des bravos ! L'élève retourne s'asseoir.

Et c'est la fin de la première leçon.

C'est cette image-là que l'enfant associe par la suite à jouer du violon.

Une des clés de la visualisation

Voici un point très intéressant que je n'avais pas remarqué avant qu'un ami ne me le souligne.

Je n'avais jamais saisi que lorsque je visualise les résultats positifs de ma présentation, *je ne pense pas à moi !* Je me concentre totalement sur les bienfaits que les autres en retireront. Je n'imagine pas « le grand Kalench » et ses centaines d'admirateurs, mais plutôt des participants qui, *eux*, en retirent tellement de bienfaits qu'ils en sont renversés. Je les visualise connaissant beaucoup de succès et profondément inspirés. Je crois que c'est une clé importante de la visualisation.

Tout comme votre objectif de vie, la visualisation procure le maximum de résultats quand elle est centrée sur *votre contribution à la vie des autres*. Elle est plus puissante si vous accordez votre attention aux autres plutôt qu'à vous-même, si vous visualisez le résultat qu'ils obtiendront. Et soyez certain que lorsque vous obtiendrez des résultats pour *les autres*, vous aurez tout ce que *vous* désirez pour vous-même, et plus encore.

Voici ce qu'il faut faire pour apprendre à visualiser les résultats : pratiquer. La meilleure façon de pratiquer est de concevoir une carte aux trésors.

Une carte aux trésors

Une carte au trésor est un collage d'images qui stimule la visualisation. Ce collage est composé d'images de ce que vous voulez *faire, avoir* et *être*. C'est un assortiment d'images choisies avec soin qui représentent pour vous les résultats que vous désirez créer dans votre vie. Elle contient des images précises de ces résultats et d'autres qui représentent l'essence de vos désirs.

Une carte aux trésors peut prendre n'importe quelle forme ou dimension telle que celle d'une affiche, d'un livre ou d'un album de photos. Vous pouvez avoir plusieurs petites cartes : une pour l'auto, une pour la glace de la salle de bain, une pour votre agenda... votre carte aux trésors peut être conçue à partir de découpures de revues ou de vos propres dessins.

Voici une de mes cartes.

La maison sur la colline

J'habite dans le sud de la Californie, un des endroits les plus magnifiques de la Terre. Il y a quelques années, je traversais tous les jours un quartier résidentiel très exclusif pour me rendre au travail. Les maisons de ce quartier étaient magnifiques et je rêvais d'en habiter une un jour.

Il y en avait une qui m'attirait plus particulièrement. Un jour, après avoir entendu parler des cartes aux trésors, j'ai décidé de m'armer de mon courage et de frapper à la porte de cette maison, muni de ma caméra. J'ai garé ma voiture dans l'entrée, saisi ma caméra et sonné à la porte. Une dame agréable ayant ouvert, je lui ai dit : « Bonjour, je m'appelle John Kalench. Je passe devant votre maison tous les jours pour me rendre au travail et je l'aime beaucoup. Je viens de démarrer mon propre commerce. Les affaires vont si bien que je suis certain que d'ici un an ou deux je serai en mesure d'acheter votre maison. C'est la maison de mes rêves. Je ne veux pas vous importuner mais me permettriez-vous de prendre quelques photographies que je pourrais regarder tous les jours. De cette façon, je pourrais plus facilement me concentrer sur mon rêve et atteindre mon but. »

Elle m'a regardé d'un air perplexe, a esquissé un large sourire et elle m'a dit : « Entrez, John, il me ferait plaisir que vous preniez quelques photos. Je vais chercher mon mari et nous vous ferons visiter la maison tous les deux. »

Ils se sont montrés vraiment aimables. Ils m'ont fait visiter la maison de fond en comble et m'ont montré la vue magnifique qu'elle offrait. Ensuite, ils m'ont invité à m'asseoir et, devant un verre de vin, nous avons discuté pendant des heures de ce que je faisais, de ce qu'ils faisaient, de la maison, etc. Quelle belle journée !

Nous avons pris toutes sortes de photographies, dont l'une de moi assis dans le salon de la maison de mes rêves.

Avant de partir, je leur ai demandé si je pouvais les rappeler de temps à autre. Ils étaient d'accord et c'est ce que j'ai fait.

Aussitôt de retour chez moi, j'ai fabriqué une gigantesque carte aux trésors de « ma » maison. Je la regardais plusieurs fois par jour et, en me fermant les yeux, je pouvais m'imaginer dans chaque pièce.

En un peu plus d'un an, j'avais amassé l'argent nécessaire pour acheter la maison. J'ai donc téléphoné aux propriétaires pour leur demander s'ils me la vendraient. Ils m'ont dit non.

Chaque mois, je les rappelais mais ils ne voulaient toujours pas vendre. Ils étaient très contents d'habiter cette maison et je savais bien pourquoi. Un jour, quand je les ai appelés, ils m'ont dit : « John, bonne nouvelle ! Un de nos bons amis qui habite à deux pas de chez nous est venu dîner hier et il nous a confié qu'il veut vendre sa maison et retourner sur la côte est. Voici son numéro. Appelez-le et discutez-en. »

C'est ce que j'ai fait. C'était le même genre de maison, mais elle était située un peu plus haut sur la colline et construite de la même façon. Elle comptait un magnifique jardin et offrait une vue encore plus splendide que celle de la maison convoitée.

En peu de temps, le propriétaire et moi avons conclu une entente très avantageuse ; il en a lui-même financé l'achat. Même s'il ne s'agissait pas de la maison que j'avais mise sur ma carte aux trésors, j'en étais extrêmement heureux. De plus, je jouissais d'une vue sur la « maison de mes rêves », juste à côté. En passant, les propriétaires de cette première maison sont devenus de très bons amis.

Quelle belle histoire ! Et vraie. Les cartes aux trésors sont puissantes. En voici un autre exemple.

Un trésor d'or olympique

Vous souvenez-vous de Bruce Jenner, celui qui a remporté la médaille d'or au décathlon des Jeux olympiques ? Bien qu'il ait toujours été un très bon athlète, personne, encore moins lui-même, ne le pensait capable de gagner une médaille d'or au décathlon. Cependant, à partir du moment où il en a fait son but, le sort en était jeté.

Il se fabriqua une grosse carte aux trésors qu'il fixa au plafond de sa chambre, au-dessus de son lit. Il y avait fixé des photos de lui-même gagnant chacun des dix épreuves du décathlon : Jenner gagnant au saut en hauteur… Jenner brisant le premier le ruban à la ligne d'arrivée… Jenner gagnant au saut à la perche. Chaque soir, avant de s'endormir, il regardait sa carte. Chaque matin, en s'éveillant, la première chose qu'il voyait était lui-même, Bruce Jenner, médaillé d'or aux Jeux olympiques !

Le reste de l'histoire est chose du passé.

Vous pouvez vous fabriquer une carte aux trésors aussi puissante que la mienne pour ma « maison sur la colline » ou que celle de Bruce Jenner pour sa médaille d'or.

Supposons que vous désiriez acheter une nouvelle voiture. Prenez votre caméra, rassemblez votre famille et présentez-vous chez votre concessionnaire préféré. Déterminez précisément quelle sorte de voiture vous voulez : le modèle, la couleur, le style, etc., et demandez à votre concessionnaire de vous en montrer une. S'il le faut, visitez un autre concessionnaire pour trouver la voiture qui correspond exactement à vos rêves. Ensuite, installez-vous derrière le volant avec votre famille et demandez au vendeur de prendre quelques photos de vous dans *votre* voiture. Ensuite, remerciez-le, dites-lui à quelle date vous reviendrez acheter votre voiture et empressez-vous d'imprimer vos photos.

Aussitôt fait, placez-en quelques-unes sur votre carte aux trésors auprès des autres. Regardez votre carte plusieurs fois par jour. Elle est remplie d'images qui vous stimuleront et qui vous rappelleront ce que vous voulez accomplir. Ces mots et ces images représentent des actions accomplies. Elles ne représentent pas des événements qui auront lieu *un jour*. Elles vous représentent au volant de cette voiture *maintenant*, en voyage *maintenant*, en possession et satisfait de tout ce que vous désirez *maintenant*.

Utilisez votre carte aux trésors pour vos buts et pour votre objectif

Votre carte aux trésors ne représente pas uniquement ce que vous désirez obtenir, mais représente aussi ce que vous désirez *devenir*. Elle constitue un outil idéal pour représenter votre succès dans votre organisation de marketing de réseau.

Lors de votre prochaine réunion de travail, demandez à quelqu'un de prendre une photo de vous avec les gens qui vous précèdent dans votre lignée. Obtenez aussi une photo du président de la compagnie vous serrant la main. Découpez dans des revues des photos de personnes qui font des présentations professionnelles ou qui s'adressent à de grands groupes. N'oubliez pas d'y ajouter des mots ou des expressions. Découpez des grands titres ou des mots qui ont une signification spéciale pour vous, des mots comme : « Une personne incroyable » ou «Histoire d'une réussite ».

Le but des cartes aux trésors est d'implanter dans votre esprit une image révélatrice de vous au faîte de votre succès. Votre esprit absorbe cette image et votre subconscient la traite comme un fait accompli.

Votre esprit ne fait pas de distinction entre le réel et l'imaginaire. Si vous ne me croyez pas, essayez le petit exercice qui suit.

Fermez vos yeux, détendez-vous et demandez à un ami ou à un membre de votre famille de vous décrire en détail : la pointe de vos souliers dépasse le bord du toit du plus haut édifice de New York, un édifice de plus de 100 étages.

Continuez d'imaginer la scène jusqu'à ce que vous sentiez les bourrasques de vent. *Continuez de regarder en bas*, vers la rue, 100 étages plus bas, où vous voyez des voitures minuscules et des gens comme des fourmis. Comment vous sentez-vous ? Solide, rassuré ? J'en doute. Votre subconscient n'a pas attendu de savoir si cette image était *réelle* ou imaginaire, il est tout de suite venu à votre rescousse.

Vous pouvez faire appel à ce pouvoir de votre subconscient pour autre chose que la frayeur. Heureusement !

Voilà le pouvoir d'une carte aux trésors. Croyez-moi, si vous doutez de vos capacités depuis plusieurs années, vous verrez que les images des cartes aux trésors transformeront rapidement ces doutes en des « Je peux ». Par la suite, il vous sera facile d'obtenir ce que vous désirez.

Je vous encourage donc à faire une liste, par ordre de priorité, de vos buts, de vos étapes et des formes de reconnaissance que vous désirez récolter dans votre vie par le biais de votre commerce de marketing de réseau.

Au cours des 12 prochains mois, qu'est-ce que vous vous voyez *avoir*, *devenir* et *faire* grâce à ce merveilleux véhicule qu'est le marketing de réseau ? Écrivez tout ce qui vous passe par la tête. Ensuite, relisez-vous et choisissez les cinq points les plus importants. Faites cet exercice tout de suite.

Au cours des 12 prochains mois, je…

____

____

____

____

____

____

Au cours des trois à cinq prochaines années, qu'est-ce que vous vous voyez *avoir*, *devenir* et *faire* grâce à ce merveilleux véhicule qu'est le marketing de réseau ? Encore une fois, écrivez tout ce qui vous passe par la tête. Ensuite relisez-vous et choisissez les cinq points les plus importants. Faites cet exercice tout de suite.

Au cours des trois à cinq prochaines années, je…

____

____

____

____

____

____

Établissez vos dix buts les plus importants pour les cinq prochaines années. C'est à partir de ceux-ci que vous élaborerez votre carte aux trésors. Et si vous pouvez visualiser votre objectif de vie, n'oubliez pas de l'inclure dans votre carte aux trésors. Cette dernière vous imprégnera d'une passion que personne ne pourra éteindre. Les gens voudront être près de vous parce qu'ils aimeront votre chaleur !

Carburant n° 2 : une foi inébranlable

Savez-vous pourquoi les distributeurs d'un commerce de marketing de réseau disent souvent qu'il faut « aimer son produit » ? Parce que lorsque vous parlerez aux gens des bienfaits que ce produit et ce commerce procurent, vous entendrez des « Non merci, ça ne m'intéresse pas ». Vous en entendrez même beaucoup.

Si vous n'êtes pas absolument *convaincu* que le produit donne les résultats que vous promettez, si vous doutez que votre commerce soit *réellement* simple et agréable, que vous puissiez faire de l'argent, que votre parrain vous aidera *réellement* à construire un commerce prospère, qu'est-ce qui vous arrivera ? Quelques « non » et vous voudrez abandonner.

Il faut absolument que vous puissiez faire face aux « non », et vous dire quand même : « Je sais que mon produit et ma compagnie ont une grande valeur. Ce n'est probablement pas un temps propice pour cette personne. » Dites merci et passez à quelqu'un d'autre. Ça, c'est la foi inébranlable.

Comment développer ce genre de foi ? Voici un indice.

Inscrivez en gros caractères indélébiles dans votre tête les lettres suivantes :

CO, CN, PI, Suivant

Elles signifient : Certains disent Oui, Certains disent Non, Peu Importe, *au suivant !*

Dans le marketing de réseau, vous n'essayez pas de convaincre, vous ne tentez pas de persuader avec votre charme, vous ne manipulez pas avec votre ruse…

Non. Le marketing de réseau est une entreprise où vous devez « effectuer un tri ». Vous avez confiance en votre compagnie et en votre produit grâce à votre propre *expérience* et vous faites une offre. Vous recommandez votre produit et offrez votre appui aux autres. *Certains disent oui, certains disent non, peu importe, au suivant !*

Il s'agit donc de partager la *bonne chose* avec les *bonnes personnes* au *bon moment.*

Rien ne vous aidera à mettre en place les assises nécessaires pour réussir en marketing de réseau comme la foi inébranlable. « Merci beaucoup, me direz-vous, mais comment s'assurer une foi inébranlable ? » Voilà une question qui me plaît.

À qui faire confiance ?

Vous vous souvenez peut-être des débuts de Johnny Carson, avant le *Tonight Show* sur la chaîne de télévision américaine. Avec Ed McMahon, il animait une émission de jeu à la télé qui s'intitulait *Who Do You Trust ?* (*À qui faites-vous confiance ?*) Voilà une question importante qu'il faut vous poser parce qu'en définitive, il n'y a qu'une personne en qui il faut absolument avoir confiance. Voilà, vous avez deviné.

L'homme dans la glace

J'ai un très bon ami qui faisait l'impossible pour réussir dans son entreprise depuis déjà un bon moment. C'est un brave homme, mais il lui arrivait toutes sortes de pépins.

Ses amis ne lui étaient parfois d'aucun soutien. Il n'avait pas choisi le commerce qui lui convenait le mieux et certaines personnes de son entourage exerçaient des pressions sur lui pour qu'il quitte l'industrie du marketing de réseau. Cependant, cet homme adorait les gens et le marketing de réseau, et il s'y sentait bien. Il croyait en lui-même et il était convaincu que ce n'était qu'une question de temps et qu'il réussirait dès qu'il trouverait le commerce qui lui conviendrait réellement.

Récemment, j'ai assisté à une réunion à laquelle il participait. J'ai remarqué qu'il consultait souvent son agenda pendant la soirée. Ma curiosité étant piquée, je lui ai demandé, après la réunion, ce qu'il consultait si souvent dans ses notes.

Il m'a répondu qu'il y avait transcrit un poème et que chaque fois qu'il se sentait découragé, se remettait en question ou avait des doutes, il lisait ce poème.

Il me l'a lu. Cela m'a touché profondément. Le poème s'intitule *L'homme dans la glace*. Le voici :

Quand tu satisfais tes désirs dans la quête de toi-même,
Et la Terre te fait roi pour un jour,
Regarde ton reflet dans la glace
Et écoute ce qu'il a à te dire.
Car ce n'est ni ta mère ni ton père ni ta femme
Qui doit passer jugement sur toi.
Celui dont le jugement est le plus important
Est celui que tu vois dans la glace.
C'est à lui qu'il faut plaire, laissons-là tous les autres,
Lui sera avec toi jusqu'au bout.
Et tu as triomphé du plus grand des défis
Si l'homme dans la glace est toujours ton ami.
Tu peux, comme Jack Horner, te voler une prune
Et encore te penser merveilleux,
Mais l'homme dans la glace te dit que tu es faux,
Si tu ne peux le regarder dans les yeux.
Tu peux duper tout le monde pendant des années
Au passage récolter des bravos,

Mais la douleur et les larmes seront ta récompense
Si tu as trompé l'homme dans la glace.

Auteur anonyme

Maintenant ce poème est aussi dans mon agenda.

La confiance vient de la compétence

Vous devez développer votre *confiance* en vous-même. Le mot « confiance » vient de deux mots qui signifient *confiance absolue*. Alors, ou bien vous avez une *confiance absolue* en cette industrie, en votre produit et en votre commerce, ou bien vous n'avez pas confiance. Personne d'autre ne peut développer la confiance à votre place. Elle vient de l'intérieur.

Pour développer cette confiance, utilisez les produits, faites l'expérience de ce qu'ils procurent et assistez à toutes les réunions possibles, toutes les soirées d'information et toutes les activités de la compagnie ; vous côtoierez ainsi continuellement des hommes et des femmes qui connaissent déjà le succès avec ces produits par le biais du marketing de réseau.

Cela vous aidera beaucoup à vos débuts. Faites-le. C'est efficace !

Pourquoi pensez-vous que j'insiste autant sur l'importance de la formation ? Parce qu'une personne bien formée est compétente et confiante. Elle sait quoi faire et quand le faire.

Vous êtes peut-être un des rares chanceux, une personne sur un million dotée d'un talent naturel pour le marketing de réseau. Mais si vous êtes comme moi ou comme des millions d'autres, vous aurez besoin de formation et de pratique. Je vous promets que ces deux éléments vous rendront compétent. La formation relève de moi ; la pratique, de vous-même.

Je parle sérieusement. Vous trouverez de bons indices dans ces chapitres, mais vous ne découvrirez le secret qu'à la fin. Alors, vous serez frappé comme par la foudre et vous direz : « Ah oui, tous les morceaux tombent en place maintenant. Fascinant ! »

Carburant nº 3 : éducation et connaissance

Deux éléments d'une importance capitale !

Il y a des gens qui ont franchi avant vous les étapes que vous vous préparez à franchir et qui sont prêts à partager avec vous tout ce qu'ils ont appris en cours de route. Soyez ouvert à leur sagesse. Réinventer la roue est définitivement de l'anti-marketing-de-réseau.

Je veux vous féliciter car vous faites partie de l'élite dans ce commerce. Vous vous tenez en assez haute estime et vous accordez à vos rêves suffisamment d'importance pour investir votre temps et votre argent dans le but d'acquérir les connaissances communiquées dans le présent livre.

Vous savez, une chose est surprenante : beaucoup de gens sont d'avis que la connaissance coûte trop cher et certains pensent même que le prix de mon livre est trop élevé.

Ce sont probablement les mêmes personnes qui dépensent en moyenne 600 $ par année sur *l'extérieur* de leur tête : coiffure, coupes, teintures, mousses, séchoir à cheveux, chapeaux… et qui poussent de hauts cris quand vous leur suggérez d'investir 100 $ dans un atelier ou dans un cours par correspondance, ou pire encore, 14,95 $ pour un livre. À toutes les personnes qui pensent que l'éducation et la connaissance coûtent cher, je dis : « Vous n'avez pas pensé sérieusement au coût de l'ignorance ! »

Une simple idée tirée d'un livre éducatif, d'une revue ou d'un atelier peut vous rapporter des milliers, voire des dizaines de milliers de dollars, ou plus. Un de mes associés a vendu à un client une idée qu'il avait relevée dans une revue d'affaires qui lui coûte 100 $ par année. Il a engrangé un profit de 7 000 $ en une semaine seulement. La connaissance, c'est le pouvoir... le pouvoir monétaire surtout !

Benjamin Franklin l'a si bien exprimé :

Investissez le plus possible dans le développement de votre esprit. Ainsi, personne ne pourra vous voler vos avoirs.

Notre esprit nous sépare des animaux. Il est donc important de le développer. Je vous garantis que les retombées seront phénoménales.

Je reconnais en vous l'étoffe d'une personne spéciale. Je vous promets que votre ouverture d'esprit et votre bonne volonté engendreront beaucoup de succès pour vous. Ce n'est qu'une question de temps, de peu de temps.

Carburant n° 4 : votre environnement de soutien

Si vous connaissez un *succès retentissant* dans votre commerce de marketing de réseau, si vous faisiez partie des dix plus grands vendeurs au monde, si vous étiez un leader de leaders, le distributeur de l'année, une source d'inspiration pour tous les gens de votre compagnie, de votre entourage ou même du monde entier, votre vie serait-elle vraiment différente de ce qu'elle est présentement ?

Mais bien sûr !

Je ne dis pas que le succès vous fera perdre votre humilité et délaisser vos amis. Je parle de ce que vous feriez, de la place que vous occuperiez, des gens que vous fréquenteriez. Toutes ces choses changeraient pour vous de façon radicale.

Alors ? Alors, pourquoi ne pas effectuer certains de ces changements *maintenant*, comme si vous aviez déjà atteint le succès ? Je ne vous dis pas de faire semblant ni d'y aller de folles dépenses ou voire plus que le permet votre marge de crédit pour entretenir l'illusion du succès. Je vous recommande plutôt d'utiliser votre environnement comme un stimulus externe qui vous servirait à matérialiser vos désirs.

Connaissez-vous le dicton suivant: « Pour réussir, choisissez la compagnie des gens qui réussissent. » Ou, plus simplement:

Il est impossible de voler comme un aigle si vous vous entourez de dindons.

Je ne vous dis pas de ne plus prendre une bière avec vos vieux copains ou le thé avec vos copines. Je vous suggère plutôt de structurer votre environnement afin que chacun de ses aspects favorise votre épanouissement sur les plans personnel et professionnel.

Évidemment, la carte aux trésors, la foi inébranlable en votre produit ou service et en votre compagnie, de même qu'un engagement à parfaire votre éducation et vos connaissances sont des éléments importants de votre environnement. Toutefois, il y a plus.

Entourez-vous de succès !

J'ai découvert un des secrets des gens qui ont réussi: ils s'imprègnent d'excellence. Oh, ils ont encore leurs petites manies ! Je connais le PDG d'une compagnie « Fortune 500 » qui tient absolument à boire sa bière directement de la cannette et à manger à pleines mains des sandwiches entiers, non tranchés, sur un couvert de 260 $ dans la salle à dîner de la direction. Peut-être aussi aime-t-il regarder la lutte à la télé, je n'en sais rien, et ce n'est pas de ces manies auxquelles je fais allusion.

Je vous propose de *rechercher l'excellence* dans tout ce que vous faites, dans tout ce que vous dites et dans tout ce que vous êtes. Tom Peters en parlait dans son deuxième best-seller. En fait, il le disait simplement dans le titre de son livre: *Une passion pour l'excellence.* C'est de cette excellence-là dont je parle.

Entourez-vous d'hommes et de femmes qui partagent votre façon de penser, avec qui vous partagez des buts communs et un objectif commun. Vous voulez sortir de l'ordinaire ? Marchez au son d'un autre tambour, osez être meilleur.

Lisez de bons livres, voyez de bons films, mangez bien, faites tout en votre pouvoir pour être en compagnie des grands.

Recherchez les hommes et les femmes de votre compagnie qui sont reconnus comme de bons leaders. Apprenez d'eux. Fréquentez-les si c'est possible. Il ne s'agit pas de prétention, mais d'intelligence.

Quel exemple faut-il suivre ?

Afin d'actualiser son potentiel dans quelque domaine que ce soit, il est souhaitable d'adopter des modèles d'excellence. Il faut choisir avec soin les individus qui manifestent les qualités que l'on respecte et que l'on admire pour ensuite suivre leur exemple.

J'ai moi-même plusieurs guides, dont mon père. Pas en tant qu'entrepreneur exemplaire, mais à cause de l'amour inconditionnel qu'il a toujours voué à ma mère. Jamais un homme n'a démontré aussi ouvertement et aussi fièrement son amour pour la personne qui lui tient le plus à cœur. Je n'arrive pas à décrire ce que je ressens quand je les vois. Par contre, je peux affirmer que je désire créer ce même genre d'amour dans ma vie. Donc, mon père (mon mentor) est le guide de ma vie ; il est mon idole, l'exemple brillant que je tente de suivre ! Qui sont vos guides ?

Soyez bien mis

Habillez-vous pour le succès. Portez toujours un habit et une cravate ou votre plus chic tailleur. Ayez l'air professionnel, ayez l'air de quelqu'un qui a du succès et vous vous sentirez de même.

Joignez-vous à l'organisation d'affaires de l'industrie, la Multi-Level Marketing International Association (MLMIA), *l'Association internationale du marketing à paliers multiples.* Abonnez-vous aux meilleures publications du commerce. Lisez les meilleurs livres. Écoutez les meilleurs messages enregistrés. Entourez-vous de gens positifs, pleins d'énergie et qui connaissent du succès.

Ne parlez jamais négativement, même dans un désir « d'être réaliste ». Cultivez qualité et succès dans tout ce que vous entreprenez, dans tout ce que vous dites et dans tout ce qui vous touche. Cela *s'imprègnera* en vous.

Je suis persuadé que ces quatre carburants transformeront l'étincelle de votre désir en un feu de la passion du succès. Ils m'ont servi et ont servi à d'innombrables personnes depuis le jour où l'homme a décidé d'apprendre, de grandir et de *devenir* meilleur. Les voici encore une fois :

Carburant n° 1 : la visualisation

Carburant n° 2 : une foi inébranlable

Carburant n° 3 : l'éducation et la connaissance

Carburant n° 4 : votre environnement de soutien

Vous rendez-vous compte que vous pouvez vous nourrir de ces quatre carburants tous les jours ? Réalisez-vous que vous pouvez puiser dans votre passion à tout moment et la transformer en un feu toujours plus brillant ?

Ces quatre carburants sont une source de puissance extraordinaire pour vous. Et ils sont toujours disponibles parce qu'ils sont à *l'intérieur* de vous !

Voilà tout ce qu'il vous faut

Manque-t-il encore quelque chose ? Non, vous avez tous les outils. Alors allez-y, embrasez le monde entier !

Qu'est-ce que vous dites ? Encore une toute petite chose ?

Quoi donc ?

Ah, vous voulez savoir *comment ?*

D'accord, cher ami. C'est exactement ce que je me prépare à vous révéler. Je vous promets que le reste du présent livre vous enseignera *comment.*

Je vous ai dit déjà que 90 p. cent du succès se trouve dans le *pourquoi.* Vous me demanderez peut-être : « Comment se fait-il alors que 90 p. cent de votre livre décrive le *comment ?* » Voilà une très bonne question, mais je n'en sais rien.

Quand vous aurez terminé la lecture du présent livre, lisez-le une deuxième fois, puis une troisième. Mettez immédiatement en pratique ce que vous y aurez appris. Enseignez les principes et les techniques appris à votre organisation. Si vous ne faites que ça et n'êtes pas convaincu que mon livre vaut *dix fois le prix que vous l'avez payé*, écrivez-moi pour m'en aviser et je vous enverrai un chèque personnel pour le montant que vous avez déboursé sans vous poser la moindre question. Est-ce que ça vous va ?

L'homme dans la glace n'accepterait rien de moins.

Vous voyez, j'ai une foi inébranlable en ce que je vous enseigne *et* en votre succès. Et quand vous aurez lu mon livre, vous aussi vous aurez cette foi.

Une note importante

Je sais que plusieurs d'entre vous n'ont pas complété l'exercice sur les buts et l'objectif en lisant mon livre pour la première fois. Je le sais parce que j'aurais fait exactement la même chose, avec l'intention de le faire à la fin du chapitre ou du livre !

Cependant, je vous en conjure, si tel est le cas, faites ces exercices tout de suite. Il est tellement important que vous sachiez *pourquoi* vous exploitez ce commerce avant d'apprendre *comment*. C'est la base sur laquelle le présent livre est établi. Votre avenir dans le marketing de réseau en dépend.

Je vous suggère de faire les exercices en utilisant un crayon. Au fil de votre croissance personnelle et professionnelle, vous voudrez changer certaines choses, les rendre meilleures et plus grandes. Souvenez-vous, pensez GRAND ! *L'audace a du génie, de la puissance et de la magie !*

Chapitre 3

La formation : le premier pas

La formation est la base sur laquelle vous devez construire votre succès dans ce commerce. Comme je l'ai déjà mentionné, la façon la plus rapide et la plus efficace de maîtriser un sujet est de l'enseigner aux autres. Quand vous comprendrez pourquoi la formation est si importante et comment entamer votre propre programme de formation, vous aurez fait le premier pas vers l'élaboration d'un commerce de marketing de réseau en croissance constante, dynamique et rempli de succès, vous assurant ainsi l'indépendance financière.

Le marketing de réseau attire deux catégories de gens.

J'ai surnommé le premier groupe les Alain et Alice Accomplissements. Ces personnes ont compris qu'il existe des principes éprouvés pour couronner de succès tout ce que l'on veut. Elles savent qu'elles peuvent apprendre en imitant les accomplissements des experts et que cela leur accorde de fortes chances d'atteindre le même niveau de succès qu'elles, sinon plus. Les Alain et Alice sont le genre de personnes qui feront tout en leur pouvoir pour acquérir des connaissances semblables à ceux et celles qu'ils désirent imiter.

Vous rencontrez Alain et Alice aux programmes de formation offerts par leur compagnie ou par leur organisation. Ils sont à l'affût de deux ou trois petits « Ah, ah ! » qui pourront influencer positivement leur commerce.

Dans des situations où ils n'ont pas la chance de participer à des programmes de formation précis ou s'ils n'ont pas de parrains qui peuvent leur donner la formation requise, Alain et Alice Accomplissements acquièrent quand même les connaissances dont ils ont besoin. Ils n'essaient pas de réinventer la roue. Ils découvrent, par eux-mêmes s'il le faut, les processus et les principes qui mènent au succès. Ils acquerront aussi de ces connaissances auprès d'autres gens, grâce à des programmes de formation ou à du matériel éducatif, comme des livres et des messages enregistrés.

Les Alain et Alice Accomplissements représentent environ 20 p. cent de notre industrie, alors que l'autre 80 p. cent est formé par des Paul et Paulette Peut-Être.

Éliminer les V.C.

La différence fondamentale entre ces deux couples est leur attitude.

Les Alain et Alice croient fermement de tout leur cœur, du plus profond de leur être, qu'ils *méritent* la prospérité et le succès.

Les Paul et Paulette Peut-Être n'ont pas encore atteint cet état d'esprit. Leur estime de soi est très faible. Sans doute ont-ils subi quelques revers et, en conséquence, ils ne croient pas avoir droit au succès.

Les Paul et Paulette Peut-Être ont développé l'habitude de la pensée négative qui perpétue l'échec. Ils se concentrent rarement sur l'ingrédient principal du succès qui est *la conviction qu'ils peuvent réussir !* Donc, leur première tâche consiste à éliminer les V.C., les *Vieilles Croyances.*

Des systèmes de croyances efficaces

Certains affirment que tous les systèmes de croyances sont mauvais et inefficaces. Je ne suis pas d'accord. Ce sont les systèmes de croyances *inefficaces* qui sont mauvais.

Le système de croyances des Alain et Alice Accomplissements est très efficace puisqu'il leur dicte qu'ils réussiront.

Par contre, le système des Paul et Paulette Peut-Être est dysfonctionnel et limite leurs chances de succès. Ils n'ont que cet espoir que *peut-être* un jour ils réussiront. Ils ne croient pas réellement qu'ils peuvent réussir et franchement, avec un tel système de croyances, il est peu probable qu'ils réussissent.

Etant donné que le marketing de réseau offre la possibilité de se lancer en affaires à peu de frais et à peu de risques, et qu'il abonde en promesses réelles ou illusoires, il attire beaucoup de Paul et Paulette.

Conséquemment, les Paul et Paulette voltigent d'une occasion d'affaires à l'autre tout en *espérant que la prochaine peut-être*, comme par magie, leur apportera le succès. Ils croient fermement qu'ils réussiront s'ils trouvent le « produit parfait » ou s'ils « s'inscrivent au bon moment » dans « la bonne occasion d'affaires ».

Il est essentiel que vous vous sentiez en harmonie avec un produit et une compagnie qui vous passionnent ! Toutefois, le succès ne vient pas d'une condition extérieure mais de l'intérieur. Comme le disait Anton Tchekhov : « L'homme est ce qu'il croit être. »

Vos croyances sont le point de départ de la formation

Quel est le plus grand défi de celui ou celle qui exploite un commerce de marketing de réseau florissant ?

La plupart des gens croient que le plus grand défi est d'apprendre tout ce qu'il y a à apprendre sur la mise en marché du produit et de l'enseigner aux autres. D'autres croient qu'il s'agit de maîtriser les principes de la gestion d'entreprise et de montrer aux gens de leur organisation comment reproduire ce qu'ils ont fait. Pour d'autres encore, c'est d'être un bon vendeur ou un leader dynamique. En fait, ce n'est rien de tout cela.

Le plus grand défi qui s'impose quand on exploite un commerce florissant est la recherche constante de nouveaux moyens de modifier les systèmes de croyances des gens avec qui vous travaillez et d'affermir leur estime de soi. Cela commence par *vous-même.*

Soyez inspirant

Quand j'ai démarré l'exploitation de mon commerce, je voulais devenir une source de motivation et je le suis devenu. Mais vous savez, la motivation n'est pas la solution.

Mon but maintenant est d'être une source *d'inspiration.* La différence entre les deux est que la motivation est temporaire parce que c'est un stimulus externe alors que l'*inspiration* est très différente.

Quand vous inspirez les gens, vous allumez une flamme à *l'intérieur d'eux,* ce qui leur permet de voir leur potentiel. La motivation enthousiasme les gens, mais elle ne dure pas parce qu'elle ne concorde pas toujours avec leur système de croyances.

Il est facile de motiver et d'enthousiasmer les gens en leur racontant des histoires de personnes qui ont réussi, mais s'ils ne croient pas qu'ils méritent la réussite, ou s'ils croient qu'ils ne sont pas faits pour ça, il n'y a rien à faire. Ce genre d'histoire ne fait qu'informer les gens, et cette information demeure à l'extérieur d'eux.

L'inspiration, par contre, vient de l'intérieur. C'est la différence entre donner un poisson à quelqu'un et lui enseigner à pêcher. Quand vous inspirez les gens, vous changez leur système de croyances et vous les aidez à changer leur vie !

La base d'un commerce de marketing de réseau qui réussit repose sur l'élaboration d'un système de croyances axé sur le succès. Ce doit être là d'ailleurs une des *fonctions premières* de votre programme de formation.

Encore et toujours

On peut comparer la répétition à un mince filet d'eau qui coule sur une roche. Au fil des âges, il y creuse un sillon. Dans les chapitres du présent livre, je vais répéter plusieurs points-clés encore et toujours. Je serai « redondant de redondances » et pour cause, simplement parce que ces points-clés sont extrêmement importants !

Je vais donc les répéter à profusion (comme je l'ai déjà dit) car c'est un aspect important de tout programme de formation. N'ayez pas peur de répéter et de répéter toujours et encore les points importants. C'est la meilleure manière de vous assurer que vos confrères les comprennent et les assimilent.

Voici le premier concept que je répéterai souvent.

L'erreur la plus fréquente dans le domaine de la formation

À mon sens, voici la plus grosse erreur commise dans les formations de marketing de réseau : *les personnes qui offrent la formation sont généralement les distributeurs les plus expérimentés et ceux qui ont le plus de succès.*

Quand on y pense, ces distributeurs expérimentés font partie de l'entreprise depuis six mois, un an, sinon plus, et on se rend compte qu'ils ont déjà acquis des connaissances considérables sur les produits, la compagnie, le plan de mise en marché, l'occasion d'affaires et les principes de base du marketing de réseau.

Nous avons tendance à oublier le temps que nous avons investi à acquérir toutes ces connaissances, et nous nous attendons à ce qu'un nouveau distributeur assimile toutes ces connaissances *en quelques heures*. Impensable !

Nous gavons les gens de tellement d'informations que nous finissons par embrouiller même les plus brillants et les plus ouverts. Bien sûr, un nouveau distributeur sera enthousiasmé pour quelque temps par cette myriade de possibilités, mais mes amis, nous créons chez lui une « surcharge » qu'il intègre à son système de croyances. Il ne peut plus concevoir qu'il pourra éventuellement absorber toutes ces données.

Avez-vous déjà expliqué votre plan de rémunération à quelqu'un qui a compris tout de suite ? C'est bien trop compliqué ! Et quand les gens sont confus, ils se disent naturellement : « Je ne suis pas capable. Ce commerce n'est pas pour moi. »

Pensez-y un instant

Si vous exploitez ce commerce depuis un certain temps, rappelez-vous une personne qui était très enthousiaste au début. Quand vous lui avez expliqué ce qu'il fallait faire, elle est disparue de la scène, ou elle s'est trouvée de bonnes excuses pour laisser tomber.

Pensez-y un instant. Est-ce possible qu'elle ait trop entendu parler du *comment* avant de connaître le *pourquoi ?* Est-ce possible qu'elle n'ait pas considéré les vraies raisons qui l'ont amenée au commerce avant que lui soit enseigné le système et la méthode ?

Par contre, si elle avait saisi, hors de tout doute, *pourquoi* cette occasion d'affaires était si importante pour elle et pour son avenir, peut-être que son système de croyances aurait été suffisamment solide pour résister aux doutes, à la peur et au rejet qu'on rencontre au début.

Une étape à la fois

Voici où je veux en venir : je crois que la formation devrait être donnée par étapes et que les nouveaux associés devraient participer au programme de formation du nouveau distributeur. La formation doit être concise et directe. Les notions que le nouveau distributeur doit découvrir et apprendre en premier lieu doivent être enseignées dès le début.

Le programme a quelques objectifs très spécifiques mais surtout ne vise pas à donner aux nouveaux venus une montagne d'informations qui leur est en général inutile pour mettre sur pied une entreprise.

Je ne vous donnerai pas ici le format précis de votre programme de formation. Au chapitre 10, qui s'intitule « La formation du nouveau distributeur », vous verrez où, quand et comment donner cette formation.

Pour le moment, je veux que vous compreniez les différents aspects du programme de formation. Vous en verrez plus loin l'agencement.

En passant, si vous avez une envie irrésistible de mettre ces idées en pratique immédiatement, c'est génial. Par contre, je vous suggère fortement de *lire le présent livre en entier au moins trois fois* avant de commencer à enseigner ces idées.

Une base d'enthousiasme

Peu importe votre produit, votre service et votre compagnie, vous êtes dans le commerce de l'*enthousiasme.*

Les gens qui connaissent le plus de succès dans ce genre de commerce sont ceux et celles qui communiquent leur enthousiasme naturellement et sans effort. Cela s'appelle le « transfert d'enthousiasme ».

La meilleure façon pour les gens de transférer leur enthousiasme est de comprendre que ce qu'ils ont à offrir est vraiment merveilleux !

En d'autres mots, quand ils décident de parler des produits et de la possibilité de se lancer en affaires, les gens affichent déjà un certain enthousiasme. Nous n'avons qu'à leur montrer à *transférer* cet enthousiasme à d'autres. Voilà le but du programme de formation du nouveau distributeur.

Il n'est pas question de tout enseigner sur le produit ou l'occasion d'affaires, mais d'aider les gens à devenir plus efficaces à *partager* leur enthousiasme pour les produits et l'occasion d'affaires.

L'enthousiasme est une matière première de choix. Il a la capacité de se propager et de grandir à un niveau qui correspond directement à ce que l'on aura communiqué aux autres !

Plus vous communiquez votre enthousiasme, plus il y en aura parce que l'enthousiasme ne vient pas de l'extérieur, mais de l'intérieur.

Voici un fait intéressant. Le mot enthousiasme vient de deux mots grecs : *enthos* qui signifie « à l'intérieur » et *theos* qui signifie « dieu » ou « esprit ». Donc, le mot enthousiasme signifie « esprit ou dieu intérieur ». Vous connaissez des gens réellement enthousiastes ? N'incarnent-ils pas cette définition ?

D'où nous vient l'enthousiasme ?

C'est le produit de notre passion.

C'est pour cette raison que dans mon introduction, j'ai décrit combien ce commerce est merveilleux, puissant et irrésistible. La compréhension et l'amour que vous réserverez à ce genre de commerce vous aideront à transmettre l'enthousiasme qu'il vous inspire.

C'est pour cette même raison que le premier chapitre traite de vos buts et de votre objectif. Quand vous êtes en contact avec votre objectif et quand vous réalisez que le marketing de réseau est le véhicule parfait pour atteindre cet objectif, vous débordez naturellement d'enthousiasme, sans effort.

C'est pourquoi être en contact avec votre objectif vous rend si puissant, et en utilisant les quatre carburants pour nourrir la passion que génère votre objectif, quoi qu'il soit, plus rien ne peut vous arrêter !

Je vous suggère de faire lire « Votre introduction » à tous vos nouveaux distributeurs, ainsi que les deux premiers chapitres du présent livre, avant qu'ils commencent le programme de formation du nouveau distributeur. Ainsi, vous n'aurez pas à négocier avec leur système de croyances dysfonctionnel.

Ils sauront déjà *pourquoi* ils sont là et *pourquoi* ils veulent réussir. Vous n'aurez pas à leur enseigner comment générer de l'enthousiasme. Vous n'aurez qu'à diriger la puissance de leur énergie et de leur passion bien canalisée.

En d'autres mots, ils sauront déjà où ils veulent aller. Vous n'aurez qu'à leur indiquer le chemin.

Une des clés de l'enthousiasme est la conviction. En plus de croire en soi et à l'industrie, vos nouveaux distributeurs doivent croire à deux choses.

La première est *le produit.*

La seconde est *l'occasion d'affaires.*

Dans votre programme de formation du nouveau distributeur, vous devez inclure les renseignements de base sur le produit et sur le commerce. Toutefois, il est primordial de s'en tenir à la base.

Un nouveau distributeur a besoin d'une formation de *nouveau* distributeur

Une fois de plus, je crois qu'un tout nouveau distributeur doit recevoir une formation de *nouveau* distributeur. Il ne doit pas être formé par ceux qui exploitent le commerce depuis, disons, deux ans.

Il est superflu de donner à un nouveau distributeur des informations spécialisées sur le produit, le fonctionnement de la seconde moitié du plan de mise en marché et d'autres détails techniques compliqués. Il apprendra tout cela en temps et lieu, c'est-à-dire plus tard.

Je crois qu'une formation de nouveau distributeur devrait relever de la responsabilité d'un distributeur relativement nouveau qui réussit très bien. Il vaut mieux faire appel à quelqu'un qui est pratiquement nouveau dans le commerce ; une personne dotée d'une bonne énergie.

Et pourquoi est-ce si important ?

Parce que le marketing de réseau repose sur la *duplication.*

Il est très difficile pour un tout nouveau distributeur d'imiter quelqu'un qui a plusieurs années d'expérience et qui gagne 50 000 $ par mois. Pour bien des gens, se mesurer à un tel succès est décourageant. Ils ne peuvent pas s'imaginer atteindre à *un tel niveau* de réussite.

La personne qui offre la formation doit être *facile à imiter par n'importe qui.* La fonction de cette personne est de familiariser le nouveau distributeur avec les deux facettes fondamentales du commerce : premièrement, en donnant quelques renseignements *de base* sur les produits et, deuxièmement, quelques données *de base* sur le commerce.

Je ne dis pas qu'il n'y a pas de place pour les distributeurs expérimentés, loin de là. En plus d'être une inspiration, ces gens constituent la plus grande ressource de votre organisation. Ils sont tous déjà « passés par là ». Ils sont d'excellents entraîneurs, excellents pour enseigner les techniques avancées de leadership parce qu'ils sont les leaders.

Ce qu'il faut retenir c'est qu'au début, les nouveaux distributeurs devraient offrir la formation des tout nouveaux distributeurs et ce, pour deux raisons. Premièrement, parce qu'ils sont des modèles « accessibles » et deuxièmement (ceci deviendra de plus en plus évident au fil de votre lecture), parce qu'il est important que les nouveaux distributeurs commencent à enseigner *eux-mêmes* le programme de formation le plus tôt possible. Souvenez-vous de ma prémisse : *vous maîtrisez le marketing de réseau en l'enseignant aux autres.* Plus vous et les gens de votre organisation commencez rapidement à enseigner, mieux c'est.

Ne croyez pas pour un instant que la formation d'un bon éducateur exige des mois et des mois de travail. Le système que je vous propose permettra à vos nouveaux distributeurs de former des gens en deux ou trois semaines !

Avant d'examiner les éléments de votre programme de formation du nouveau distributeur, arrêtons-nous à ce dernier point.

Par-delà « gagner de l'argent tout en apprenant »

Le marketing de réseau vous permet de gagner de l'argent tout en apprenant. Contrairement à d'autres professions qui requièrent des années d'éducation pour lesquelles vous devez payer, le marketing de réseau vous permet d'apprendre par la pratique et, en plus, *d'être payé !*

Quelle approche révolutionnaire ! Maintenant, poussons les choses encore plus loin.

Non seulement vous apprendrez par la pratique, mais vous apprendrez mieux et plus vite *en enseignant aux autres ce que vous avez appris*, ce qui aura un impact direct sur votre rémunération.

De nos jours, nous accordons beaucoup d'importance à l'éducation de nos enfants. En tant que parents, il nous faut enseigner à nos enfants à faire la différence entre le bien et le mal, à développer des valeurs saines et une force de caractère. Mais demandez à n'importe quel parent lequel des deux apprend le plus dans une relation parent-enfant, le parent ou l'enfant ?

Il est clair que nous apprenons beaucoup en enseignant.

Il n'y a rien de plus puissant que d'enseigner ce qu'on apprend pour la raison suivante : *quand vous êtes en apprentissage, vous êtes ouvert à toutes les possibilités. Vous avez soif d'apprendre, soif d'explorer de nouvelles approches.* Les maîtres Zen appellent ce phénomène « l'esprit du débutant ». C'est un aspect fondamental de ma méthode.

Le programme de formation du nouveau distributeur que vous apprendrez dans le présent livre est tellement facile à reproduire que vous pourrez en maîtriser les principes et les enseigner efficacement en quelques heures ou quelques semaines.

Réfléchissez un instant, que savez-vous déjà de l'importance d'être en contact avec votre objectif et de nourrir votre passion ?

Après avoir relu les deux premiers chapitres et les avoir relus encore une fois, tout en commençant à mettre en pratique dans votre vie et dans votre commerce les principes qui s'y trouvent, pensez-vous être capable de montrer aux gens comment découvrir leur objectif ?

Pourriez-vous enseigner à quelqu'un comment mettre à profit les quatre carburants ? À créer une carte aux trésors ? L'importance de l'éducation et de la connaissance ? De la foi inébranlable ? Quand vous aurez intégré ces principes à force de pratique, oui, vous pourrez les enseigner aux autres !

Je sais que vous pouvez accomplir toutes ces choses et plus encore parce que j'ai vu beaucoup de gens le faire. Voilà la puissance remarquable de ce programme de formation unique. Il met à profit votre capacité naturelle d'apprendre et de partager avec les autres ce que vous avez appris.

Comprenez qu'il ne s'agit pas d'être parfait, mais de maîtriser le marketing de réseau, et vous êtes déjà très avancé dans cette voie.

Je vous présente maintenant un résumé de mon système d'enseignement expliqué dans les chapitres qui suivent.

Les éléments du programme de formation du nouveau distributeur

Chapitre 4 : Les produits

Aimer votre produit ou votre service. Devenir un maître des bienfaits. Connaître toutes les réponses (ou savoir où les trouver). Découvrir qui est votre meilleur client. Apprendre à partager votre enthousiasme de façon tellement naturelle et efficace que les gens ne pourront vous résister.

Chapitre 5 : La prospection

Cesser de convaincre et commencer à faire le tri. Travailler intelligemment (pas seulement fort). Établir vos priorités. Le monde comme une huître. Suggestions pour vos appels locaux et interurbains, et plus.

Chapitre 6 : Les présentations

SIMPLE ET FACILE À REPRODUIRE. Ce n'est pas ce que vous dites, mais comment vous le dites. Encore mieux, comment le tirer de la bouche de votre client potentiel ! La portée d'un manuel de présentation. Aider vos clients potentiels à faire le bon choix. Et encore plus.

Chapitre 7 : Les objections

Quatre-vingt-dix pour cent des objections sont bien connues ; on les entend et on y répond fréquemment. Quand vous les reconnaissez, elles se transforment en possibilités. Apprendre à devenir un bon détective. Comment déceler et répondre aux questions non verbalisées de votre client potentiel. Comment passer de l'hésitation à l'assurance.

Chapitre 8 : Le suivi et l'action

Le service à la clientèle et la satisfaction sont les points-clés. Un « commerce en boîte » permet d'être efficace et productif. Comment obtenir des résultats fulgurants en racontant des histoires, la clé du pouvoir et du succès.

Chapitre 9 : Les soirées d'information

Ces rencontres peuvent être agréables et spontanées, efficaces et inspirantes, simples et faciles à reproduire, et elles peuvent donner un élan de croissance à votre organisation. Les cinq questions-clés de ce chapitre valent une fortune !

Chapitre 10 : La formation du nouveau distributeur

Bien enseigner à vos enfants. Les préparer pour le vrai monde. « C'est un départ. » Dans ce chapitre, vous étudierez chaque étape du programme de formation ... et votre commerce sera énergisé !

Chapitre 11 : La duplication

Les aiglons sont faits pour voler. Quoi faire pendant leurs deux premiers jours, semaines ou mois. Quand vous saisissez ces principes et les mettez à l'épreuve, votre succès et votre indépendance financière sont inévitables !

Voilà. C'est ce que vous pouvez anticiper. J'espère que les prochaines heures seront révélatrices, excitantes et productives.

Vous tenez entre vos mains la clé du succès que les gens cherchent depuis des années. Me trouvez-vous arrogant ? Pourtant je ne le suis pas. L'arrogance est une importance injustifiée que l'on s'accorde. Ce n'est pas cela que je dis. Je dis plutôt que :

- Premièrement : *Vous tenez entre vos mains la clé* et cela n'a rien à voir avec moi. Sans vous, ces principes et techniques ne valent rien.

- Deuxièmement : *Ce que vous apprenez fonctionne !* Pour le prouver, vous n'avez qu'à mettre les principes enseignés en pratique. Choisissez-en un au hasard et mettez-le à l'épreuve. Vous serez immédiatement en mesure de juger par vous-même de sa pertinence et de sa puissance.

Êtes-vous prêt pour un succès extraordinaire ? Alors, continuons. Le chapitre suivant porte sur… les produits !

Chapitre 4

Les produits

Dans le marketing de réseau, le produit ou le service que vous offrez est roi et maître. Comme je l'ai déjà mentionné à quelques reprises, vous vous devez d'être votre meilleur client. Parce que notre type de commerce est fondé sur le partage et sur la sélection (plutôt que sur la persuasion), rien ne peut remplacer votre amour du produit. Vous pouvez éprouver de l'amour pour votre produit de deux façons : soit qu'il s'agisse d'un coup de foudre, soit que vous appreniez à l'aimer. Dans ce chapitre, nous explorerons les avantages liés à ces deux avenues.

Avez-vous déjà été en présence d'une personne qui aime quelque chose passionnément et profondément, quelqu'un qui aime le baseball, l'art, la musique ou quoi que ce soit d'autre ? Ces gens dégagent une telle puissance !

Pourquoi ? Nous avons déjà énuméré quelques raisons : objectif, passion, enthousiasme. Les gens animés de ces qualités sont irrésistibles.

Vous n'avez peut-être aucun intérêt pour la moyenne au bâton d'un joueur ou pour le meilleur arrêt-court au baseball, mais vous pouvez facilement être emporté par la joie et la dévotion des amateurs de sport.

« Tout le monde aime un amoureux », dit la chanson, et c'est vrai. Lorsque quelqu'un est en amour avec quelqu'un d'autre ou quelque chose, ses sentiments sont très contagieux.

Imaginez pour un instant qu'une de vos amies ait découvert un produit qui a littéralement changé sa vie. Elle est transformée. Rajeunie de dix ans, elle est rayonnante et pleine d'énergie, débordante de joie de vivre !

« Que s'est-il passé ? », lui demandez-vous. Et elle vous raconte son histoire.

Un « labeur » d'amour

« John, c'est incroyable ! Je suis tellement débordante d'enthousiasme que je vais exploser si je me tais.

« Tu te souviens de tous les régimes amaigrissants exotiques que j'ai suivis ; un n'attendait pas l'autre ? Et quand je perdais du poids, je le reprenais tout de suite. Mes vêtements ne me faisaient plus. J'étais laide et je me sentais très mal dans ma peau.

« Tout cela a changé. J'ai perdu neuf kilos en trois semaines, il y a de ça trois mois ! Je ne les ai toujours pas repris. Je suis plus svelte maintenant qu'au moment où je fréquentais l'université. J'ai rarement faim parce que je me nourris de bonne nourriture. Je me sens belle ! Qu'en penses-tu ? Comment me trouves-tu ?

« Et tu sais, John, ça ne m'a rien coûté. Même que le mois dernier, on m'a remis un chèque de 600 $. Et tu sais comment je fais ? Je parle à des gens comme toi. C'est tout. Et j'ai gagné assez d'argent pour me payer une nouvelle auto ! Viens voir ! »

Vous savez, je rencontre tellement de gens débordants d'un enthousiasme contagieux pour leur produit que j'ai une maison pleine de produits de marketing de réseau ! Il m'est impossible de résister à quelqu'un qui est si emballé, en amour à ce point avec son produit. Ces gens sont pleins de vie, pleins d'amour. Le marketing de réseau est franchement un « labeur d'amour ».

Un proverbe chinois

La philosophie orientale m'a toujours fasciné, plus particulièrement la sagesse des Chinois. Ces derniers sont auteurs d'un proverbe qui pourrait être rendu comme suit : lorsque quelqu'un partage avec vous une chose de grande valeur et que vous en tirez profit, vous avez une obligation morale de la partager avec d'autres.

Les Chinois jugent que nous avons la responsabilité de donner aux autres ce qui nous a été donné. C'est une façon de s'assurer que les bonnes choses qui viennent à nous continuent de circuler. C'est un bon exemple du principe du partage, inhérent au marketing de réseau.

Quand vous tirez profit d'un produit ou d'un service et qu'à votre tour vous en parlez à d'autres, vous remplissez votre obligation morale. En chinois, le mot « obligation » veut aussi dire « la route qui te ramène chez toi ».

Dans « Votre introduction », je vous ai dit que le marketing de réseau est un système qui, selon moi, reflète l'ordre naturel des choses. C'est tellement naturel de partager ce qui nous a été donné et d'être récompensé pour l'avoir fait.

On pourrait dire que c'est égoïste de connaître un bon produit ou service et de ne *pas* en parler. C'est pourquoi j'aime bien penser qu'en parlant de nos produits, nous contribuons au bien-être des gens en leur donnant ce que nous avons reçu.

Produit versus occasion d'affaires

Certaines écoles de pensée professent que c'est l'occasion d'affaires qui attire les gens à ce genre de commerce et que c'est là la réelle valeur du marketing de réseau.

Je ne suis pas du tout d'accord.

Sans produits exceptionnels, il n'y aurait pas de commerce de marketing de réseau.

Le plan de rémunération le plus lucratif au monde ne vous assurera pas de revenus réguliers si le produit ou le service n'ajoute aucune valeur aux yeux de vos clients et ne leur procure aucun bienfait tangible. Nous en avons eu maintes fois la preuve.

Certaines compagnies de marketing de réseau ont tenté, dans le passé, d'offrir des possibilités mirobolantes de se lancer en affaires avec un produit médiocre. Certaines ont même enregistré des ventes fulgurantes au début, mais cela dure rarement parce que le marché est dernier juge et jury.

Comme disait P.T. Barnum : « Un innocent naît à chaque seconde. » De nos jours, le taux de natalité étant ce qu'il est, les innocents sont en très petite minorité. Non, les gens ne sont pas stupides. Loin de là. De plus en plus, le consommateur exige une qualité supérieure des biens et services qu'il se procure.

En marketing de réseau, vous faites de l'argent *uniquement* sur la vente des produits et services. Produits pauvres, revenus pauvres. *Il n'y a pas d'occasion d'affaires ni de commerce possible s'il n'y a pas de bons produits qui se vendent!* Le meilleur plan de rémunération ne peut rien pour vous si les produits ne se vendent pas.

Des produits qui améliorent ou qui transforment la vie

Que vous vendiez des produits alimentaires, des produits pour perte de poids, des services financiers, des cellulaires et autres articles à rabais, des produits pour l'automobile qui réduisent la pollution ou qui augmentent la performance, des filtres à eau, des toniques, des possibilités d'investissement, des abonnements, etc., votre produit ou votre service demeure l'aspect le plus important de votre commerce.

Les produits ou services sont *le* moteur d'un commerce de marketing de réseau. Les meilleurs produits/services améliorent ou transforment la vie des gens pour le mieux.

Voici une révélation qui nous provient des hautes sphères de la sagesse du marketing :

Presque tous les produits améliorent la qualité de vie.

« Hummm, dites-vous, si c'est le cas, pourquoi *tous* les produits ne connaissent-ils pas du succès ? »

Bonne question. Voici pourquoi : parce que les gens qui offrent ces produits ou services ne disent pas les *bonnes choses* aux *bonnes personnes.*

Ils ne démontrent pas aux gens les *bienfaits* réels que peut procurer leur produit ou service ou, plus précisément, ce que le produit ou service fera pour leur client.

Comment savoir quelle est la bonne chose à dire et qui sont les bonnes personnes à qui les dire ?

Voilà une autre bonne question. De plus, il s'agit d'une partie intégrante du programme de formation du nouveau distributeur, divisé en trois parties.

Connaissance du produit

Tout programme de formation du nouveau distributeur favorise la participation maximale de nouveaux distributeurs, et ce dès le départ.

J'aime bien remettre aux nouveaux distributeurs la *feuille de travail sur les bienfaits du produit.* (Vous en trouverez un exemplaire au chapitre 10). Chaque nouveau distributeur obtient cette feuille de travail et voici comment il l'utilise.

Bienfaits

Nous commençons par une séance *remue-méninges* sur les bienfaits de notre produit, c'est-à-dire que nous donnons libre cours à toutes nos pensées. Dans la salle de cours, nous découvrons collectivement les bienfaits dont les gens jouiront en utilisant nos produits.

Cela est très important. Nous *ne* parlons *pas* de faits, de caractéristiques ou de détails techniques, mais plutôt des *bienfaits* pour les gens. Il s'agit des *résultats* obtenus en utilisant tel produit ou tel service.

Trop souvent, les gens s'arrêtent au risque de s'y perdre à une caractéristique du produit ou à des détails techniques qui les fascinent. Ces faits ne sont importants que pour soutenir les bienfaits obtenus grâce au produit. Les gens veulent d'abord savoir ce que votre produit ou service *fera pour eux.*

Le fait que votre produit contienne tel ou tel ingrédient risque d'être très intéressant et de contribuer à la qualité du produit de façon significative, mais vos clients potentiels veulent savoir quelle transformation ce produit opérera dans leur vie.

Il existe aux États-Unis une publicité de la compagnie American Telephone & Telegraph dont le message est : « Faites plaisir à quelqu'un. » et une autre de McDonald suggère : « Vous méritez bien un petit repos aujourd'hui. » On n'y mentionne aucune caractéristique du produit. Ces publicités sont axées uniquement sur les *bienfaits.* Voilà ce sur quoi il faut vous concentrer.

Dans cette session de *remue-méninges* où abondent les idées, chacun en souligne un bienfait, l'animateur l'écrit sur une grande feuille de papier (les gens peuvent les copier par la suite). Pendant ces sessions, on peut palper l'énergie dans la salle.

Il est important de ne jamais dire « non » à quelque idée qui jaillisse dans ces sessions. Rien de tel qu'un « non, tu te trompes » pour freiner un flot d'idées.

Vous pourrez corriger les erreurs plus tard. Pour l'instant, encouragez tous vos nouveaux distributeurs à énumérer les bienfaits dont les gens jouiront. Il est important que ceux-ci viennent d'eux ; c'est là la clé. Après cette session, ils « posséderont » leurs bienfaits.

En vérité, vous apprendrez probablement quelque chose de nouveau chaque fois que vous participerez à cet exercice. Lorsque vous serez capable de canaliser l'enthousiasme de vos nouveaux distributeurs et les aider à communiquer efficacement les bienfaits d'un produit ou service, vous augmenterez leur efficacité et leur productivité *au moins* dix fois.

Les questions les plus courantes

Ensuite, vous montrez à chaque nouveau distributeur comment répondre aux questions les plus couramment posées au sujet de votre produit ou service.

Vous pouvez avoir une liste imprimée ou dactylographiée de ces questions accompagnées de réponses intelligentes et pertinentes.

Assurez-vous que vos nouveaux distributeurs, qui sont animés d'un enthousiasme encore vacillant, soient bien préparés à répondre à ces questions. Il n'est pas nécessaire qu'ils apprennent à leurs dépens ce qui fonctionne et ce qui ne fonctionne pas. Votre tâche est de vous occuper d'eux. Et si vous les invitez à joindre le commerce, vous devriez leur faire part des questions qu'on leur posera.

Vous pouvez aussi tenir des sessions de *remue-méninges* où vous encouragez vos distributeurs à dresser une liste de toutes les questions possibles et impossibles que l'on pourrait leur poser. Comme pour la session sur les bienfaits du produit, ils peuvent émettre leurs questions, sans retenue, et les distributeurs plus chevronnés peuvent compléter la liste, si nécessaire.

Après les questions viennent les réponses. Ici aussi, vous pouvez préparer et remettre une liste imprimée, mais permettez à vos nouveaux distributeurs de fournir de nouvelles réponses au cours des sessions de *remue-méninges*.

C'est la scène idéale pour apprendre en jouant des rôles. Constituez des équipes où une personne pose les questions courantes et l'autre y répond. Vous verrez l'énergie s'intensifier. Travailler ainsi permet aux gens de maîtriser leurs connaissances et de canaliser leur enthousiasme d'une façon efficace.

Si vous préparez adéquatement vos nouveaux distributeurs à répondre aux questions couramment posées, ils seront prêts à affronter le monde. Cela minimisera leur sentiment de rejet et de découragement dans leurs premières semaines d'exploitation du commerce. Si vous agissez ainsi, *le taux d'attrition de votre organisation diminuera de façon considérable et vos ventes monteront en flèche.*

Voici un autre point important sur la connaissance du produit.

N'oubliez pas votre compagnie

Voici une notion qui est peut-être plus vraie pour le marketing de réseau que pour un commerce conventionnel : *un bon produit vient d'une bonne compagnie.*

Il est facile pour les nouveaux venus d'être enthousiastes à propos de votre compagnie et de ses employés.

Si vous êtes à la recherche d'un modèle de foi inébranlable en votre produit ou votre service, tournez-vous vers les dirigeants de votre compagnie. Leur engagement envers les produits et envers vous les a menés là où ils sont aujourd'hui. Leur leadership assure la continuité de la compagnie et la vôtre.

À la tête de toutes les grandes compagnies de marketing de réseau se trouvent des gens exceptionnels. Ceux que j'ai rencontrés ont compris qu'autant votre commerce de distributeurs est mue par les produits, autant *leur* entreprise est mue par *les distributeurs.* Ce qui signifie qu'ils réservent leur énergie, leur créativité et leur soutien à faciliter votre tâche et votre réussite. Les hommes et les femmes à la tête de votre compagnie sont aussi indispensables à votre produit ou service que s'ils en constituaient un ingrédient. En fait, c'est exactement ce qu'ils sont.

Tout comme il faut faire l'expérience des produits pour savoir les apprécier, il est nécessaire de connaître la compagnie pour savoir l'apprécier. Une partie intégrante de l'information que vous diffuserez sur les produits touche, en fait, la compagnie. Assurez-vous donc de bien vous renseigner sur votre compagnie. Ceci peut contribuer largement à l'enthousiasme de vos nouveaux distributeurs. Cette information peut s'avérer très utile lors de la « présentation » dans la formation du nouveau distributeur.

Qui est le plus susceptible de...

Voici un autre exercice que vous pouvez utiliser pour motiver vos associés. Vous le trouverez sur la feuille de travail des « Bienfaits des produits » et « Qui est le plus susceptible d'utiliser mon produit ou mon service » (dont vous trouverez des copies à la fin du chapitre 10). C'est un bon sujet de *remue-méninges*

En aidant vos nouveaux distributeurs à dresser une liste des bienfaits des produits, vous leur avez enseigné comment répondre aux questions difficiles. Maintenant vous leur révélez qui est le plus susceptible de poser ces questions.

Faites le lien entre « qui est le plus susceptible » et les bienfaits que vous avez énumérés plus tôt. À partir de cet exercice, votre groupe pourra dresser une liste impressionnante de ces clients potentiels. En se concentrant sur les bienfaits, vos distributeurs découvriront une foule de clients, plus qu'ils n'auraient pu le faire auparavant.

C'est tout. La section « produits » est complétée. Je vous avais dit que ce système était simple.

L'exercice sur « qui est le plus susceptible de... » complète bien la section sur les produits parce qu'il se forme un tout avec la section suivante.

La connaissance des affaires

Voilà ce que nous étudierons dans le chapitre suivant. La connaissance des affaires débute par la « prospection ».

Chapitre 5

La prospection

Alors, vous comprenez maintenant les premières étapes de votre programme de formation, vos distributeurs ont une bonne connaissance de base du produit et ils sont prêts à passer aux connaissances des affaires. La section affaires ne traite pas du plan de rémunération. On y parle « d'action ». Dans ce chapitre, nous explorerons l'ABC de la prospection. La prospection est l'âge de votre entreprise, comme vous verrez que la différence entre la prospection et la vente est ce qui fait du marketing de réseau un système unique « de vente et de distribution ».

Laissez-moi vous confier un secret. Préparez-vous, vous en serez sidéré.

Supposons que je possède une mine d'or. Oui, oui, une mine d'or. En fait, une des plus riches mines d'or au monde.

Supposons que je vous fasse une offre toute spéciale : vous indiquer où se trouve ma mine d'or afin que vous puissiez aller y prendre tout l'or que vous voulez.

Je répète : je vous donne tout l'or que vous voulez à une condition : vous n'aurez le droit de vous rendre à ma mine *qu'une seule fois*.

Alors, qu'allez-vous faire en premier ? Vous y précipiterez-vous et tenterez-vous d'extraire tout l'or que vous pouvez, à mains nues, armé de votre seul enthousiasme ? C'est une possibilité. Par contre si vous êtes intelligent, vous apporterez tous les outils nécessaires pour en ramener une fortune !

En réalité, je possède cette mine d'or ; et vous aussi d'ailleurs. C'est le marketing de réseau, et pour devenir un maître prospecteur, il vous faut travailler avec les outils du maître prospecteur. Vous les trouverez dans ce chapitre.

Premièrement...

Qu'est-ce qu'un prospecteur ?

Voyez-vous la même image que moi quand vous entendez le mot « prospecteur » ? Un vieux barbu grisonnant, en vieilles salopettes sales, tirant une mule chargée de pelles, de pics et de provisions, n'est-ce pas ?

Autrefois, les prospecteurs correspondaient vraiment à cette description.

Aujourd'hui, ils sont très différents et la prospection a changé encore plus.

Attardons-nous sur quelques mots-clés de la définition d'un « prospecteur ». Un prospecteur c'est quelqu'un qui *explore* un *lieu* à la recherche de *ressources naturelles* telles que de l'or, du pétrole ou des diamants.

Donc, qu'est-ce que la prospection ? Entre autres, c'est l'exploration. Ce n'est ni faire, ni créer, ni convaincre, ni persuader, ni vendre, mais *explorer*.

Et on explore un *lieu*. Quelles sont les frontières de votre lieu ? À l'exception des droits de mise en marché de votre compagnie de marketing de réseau, les seules frontières sont dans votre tête.

Que cherche un prospecteur ? Des *ressources naturelles*. Quelque chose de *naturel*, quelque chose qui existe déjà, pas quelque chose qu'il faut faire ou créer. Quelque chose qui a une grande valeur. Quelque chose d'aussi précieux que l'or, le pétrole ou les diamants.

Je vais vous raconter l'histoire la plus célèbre du marketing de réseau. Elle a pour titre…

Des arpents de diamants

Personne ne sait qui est l'auteur de cette histoire, mais on dit qu'elle est vraie, et forcément, parce que des milliers de gens l'ont vécue dans des milliers de situations différentes.

La personne qui a donné sa notoriété à cette histoire (du moins aux États-Unis) est le Dr Russell Herman Conwell, qui vécut de 1843 à 1925. En racontant cette histoire à travers le monde, M. Conwell a amassé six millions de dollars grâce auxquels il a fondé le Temple University, à Philadelphie. Il a ainsi réalisé son rêve de mettre sur pied une bonne école pour des jeunes gens pauvres qui le méritaient bien.

M. Conwell raconta l'histoire des « Arpents de diamants » plus de 6 000 fois et attira des foules impressionnantes partout sur son passage. Je suis convaincu que vous connaissez cette histoire aussi bien que moi. Toutefois ce n'est pas l'histoire en soi qui est si importante (et vous vous demandez sûrement si je vais finir par vous la raconter !), mais de mettre en pratique, dans votre vie, le principe qu'on y retrouve.

Les « Arpents de diamants » raconte l'histoire d'un fermier qui vivait en Afrique au temps où les diamants furent découverts. Lorsqu'un visiteur lui parla des millions de dollars que des gens gagnaient en découvrant des mines de diamants, cet homme s'empressa de vendre sa ferme pour partir lui aussi à la recherche de diamants.

Il parcourut tout le continent sans trouver aucun diamant. Finalement, découragé, sans le sou et dans un état de santé défaillante, il se jeta dans une rivière et se noya.

Bien avant que ce dernier connaisse cette triste fin, l'homme qui avait acheté sa ferme trouva une grosse pierre d'un aspect inusité dans le lit du ruisseau qui coulait sur son terrain. Il l'en tira et la mit sur le parement du foyer comme objet décoratif.

Vint le visiter le même homme qui avait parlé des découvertes de diamants à l'ancien propriétaire. Après examen de la grosse pierre, il dit au nouveau propriétaire que l'objet qu'il avait découvert était un des plus gros diamants jamais vus et qu'il valait une fortune. À la grande surprise du visiteur, le fermier répondit : « Oh, ma ferme est remplie de pierres comme celle-là ! »

Bref, la ferme que le premier fermier avait abandonnée pour partir à la découverte de diamants s'avéra être une des plus riches mines de diamants au monde.

Le Dr Conwell insistait toujours sur le fait que le premier fermier possédait déjà des arpents de diamants mais qu'il avait fait l'erreur de ne pas examiner ses biens avant de poursuivre des illusions.

Nous agissons souvent comme le premier fermier. En effet, où que nous vivions, et quoi que nous fassions, nous sommes entourés d'arpents de diamants que nous verrions si nous nous donnions seulement la peine de regarder. Comme ces curieuses pierres qui jonchaient le sol de la ferme, nos possibilités et nos habiletés n'ont peut-être pas l'aspect de diamants à prime abord. Toutefois, si on y regarde de plus près, si on les examine plus attentivement et qu'on polit un peu leur surface, elles révéleront leur juste valeur.

Maintenant, vous avez un aperçu de ce qui se trouve dans ce chapitre. Nous allons explorer ce grand territoire plein de richesses naturelles précieuses qu'est votre propre cour.

La prospection, première étape : la liste de clients potentiels

Le premier aspect « d'affaires » que j'aime à enseigner dans le programme de formation du nouveau distributeur est la *liste de clients potentiels* et, pour ce faire, je me sers encore une fois d'une feuille de travail. (Vous en trouverez copie au chapitre 10.) J'insiste pour que les gens dressent, sur le champ, une liste de leurs clients potentiels immédiats.

Je n'ai, à ce jour, jamais rencontré d'individus prospères dans ce commerce qui travaillaient sans une liste physique de clients potentiels. Il est donc très important que vos nouveaux distributeurs commencent à dresser cette liste durant le programme de formation. Une fois leur liste dressée, vous leur enseignerez à la mettre en ordre de priorité.

Cent noms ou plus

Demandez à chaque nouveau distributeur d'inscrire sur la liste *chaque personne* à qui il ou elle peut penser. Je suggère toujours un *minimum* de cent noms. La liste est facile à dresser parce que, selon les statistiques, la plupart des gens âgés de plus de 21 ans connaissent en fait *plus de 700 personnes !*

Si certaines personnes éprouvent de la difficulté à trouver cent noms, voici quelques trucs que vous pouvez essayer.

Demandez-leur de consulter leur annuaire téléphonique personnel (n'oubliez pas de leur demander de l'apporter à cette réunion) et d'inscrire sur leur liste tous les noms qui s'y trouvent. Demandez-leur de sortir toutes les cartes de visite qu'ils ont collectionnées et d'en ajouter tous les noms et numéros de téléphone à leur liste.

Ensuite, demandez-leur de se poser la question suivante :

« Qui sont les personnes que je connais grâce à mon travail, à mes enfants, à mes passe-temps, à ma paroisse… ? »

Ramenez vos distributeurs à la liste « Qui est le plus susceptible de se servir de mon produit » afin d'ajouter d'autres noms.

S'ils ont encore besoin d'aide pour compléter leur liste de clients potentiels, menez une session de *remue-méninges* ou suggérez-leur d'en organiser une avec leurs amis. Ils peuvent rassembler de deux à cinq amis ou membres de la famille susceptibles de les aider à trouver des noms à ajouter à leur liste. Vos nouveaux distributeurs seront enchantés de l'aide que ces gens leur apporteront et se remémoreront certainement une vingtaine ou une trentaine de noms de clients potentiels ou d'endroits où les trouver.

Souvenez-vous qu'il s'agit ici d'exploration. Ne leur permettez pas de dire « non » à aucun des noms de leur liste. Nous établirons des priorités dans un moment. Pour l'instant, tous les noms sont bons.

Pourquoi cent noms ?

Je vais vous l'expliquer de la façon suivante.

Tous les nouveaux distributeurs commettent fréquemment la même erreur. Lorsqu'ils décident de parler de leurs produits et de l'occasion de se lancer en affaires, ils pensent immédiatement à quatre ou cinq personnes sans toutefois en écrire le nom ; ils les gardent simplement dans leur tête. Ils saisissent immédiatement le téléphone pour appeler une d'entre elles.

Il y a de bonnes chances que cette première personne ne soit pas intéressée, pour quelque raison que ce soit n'ayant rien à voir avec le nouveau distributeur. Si cette première personne dit non, voilà un quart ou un cinquième de ses clients potentiels éliminés d'un trait ! Quel mauvais départ ! Cependant, quand vous avez une liste de cent personnes et qu'une d'entre elles dit non, pour quelque raison que ce soit, il est facile de se dire : « Ce n'est pas grave, je vais la rayer de ma liste pour l'instant. » Un pour cent n'est rien d'alarmant !

Vous voyez maintenant l'importance des cent noms !

Souvenez-vous de deux choses. Premièrement, nous faisons de la prospection. Nous explorons toutes les possibilités afin de découvrir précisément où trouver de l'or.

Deuxièmement, CO, CN, PI, SUIVANT. Certains disent Oui, Certains disent Non, Peu Importe, au SUIVANT ! Une liste de cinq personnes ne vous offre pas beaucoup de « Suivants » !

La prospection, deuxième étape : les priorités

Il est important d'accorder à votre liste de clients potentiels un certain ordre parce que vous voulez sélectionner les clients qui seront les plus réceptifs à ce que vous avez à leur offrir.

Les personnes qu'on veut choisir d'abord, appelons-les le groupe « A », sont les *gens qui aiment le monde*. Ils sont débordants d'énergie, pétillants et toujours d'agréable compagnie. Ils attirent les gens grâce à leur personnalité joyeuse et amicale, et quand ils aiment quelque chose, ils en parlent à tout le monde !

Ma sœur est une de ces personnes et je suis très fière d'elle. C'est la première millionnaire de notre famille. Elle est promoteure immobilier et je suis convaincu que c'est en grande partie grâce à sa personnalité vibrante et débordante qu'elle a si bien réussi.

Les gens adorent être avec elle. Pleine de vie, heureuse, elle aime sans retenue. Dotée d'un magnétisme certain, les gens sont attirés vers elle. Elle attire aussi d'autres choses : son dernier chèque de commission dépassait largement le million de dollars. Imaginez ! Tout ça parce qu'elle est pétillante. Évidemment, elle est intelligente et elle connaît son affaire, mais *qui* et *comment* elle est jouent pour beaucoup dans son succès.

Le prochain groupe, le groupe « B », comprend les *gens positifs*. La façon la plus simple de les identifier est de procéder par élimination. Identifiez d'abord les gens négatifs et mettez un crochet à côté de leur nom. (Voici un indice : les gens qui disent souvent : « Soyons réalistes » sont des gens négatifs.) Ceux qui restent sont les gens positifs et forment votre groupe « B ».

Le groupe « C » comprend les *gens qui ont réussi*, ceux qui prospèrent dans leur vie et leur travail. Ne jugez pas ces gens trop vite. Accordez-leur une grande priorité.

Nous faisons souvent l'erreur d'éviter les gens qui ont réussi parce que nous prenons pour acquis qu'ils sont trop occupés, qu'ils n'ont pas « besoin » d'argent, etc. Pourtant, ce sont eux qui reconnaissent le plus rapidement une bonne occasion d'affaires quand elle se présente. Et souvenez-vous, les gens qui réussissent fréquentent des gens qui réussissent. Si ces gens aiment ce qu'ils voient, ils s'impliqueront rapidement dans ce genre de commerce.

Il est donc important que vos distributeurs fassent le tri de leur liste de clients potentiels avec soin, car il faut joindre les bonnes personnes en premier, c'est-à-dire les personnes susceptibles d'être intéressées. Habituez-les à joindre d'abord les personnes affichant une attitude gagnante.

Donc, si vous connaissez une personne pétillante et positive qui connaît *beaucoup* de succès, ma sœur par exemple, placez son nom au tout début de votre liste.

Des histoires d'amour à distance

N'éliminez pas une personne de votre liste parce qu'elle habite loin. Tant qu'elle demeure sur le territoire des droits de mise en marché de votre compagnie, accordez-lui la priorité qu'elle mérite. Avec un bon suivi (nous en parlerons au chapitre 8 : Le suivi), il importe peu que votre client potentiel habite tout près de chez-vous ou 5 000 kilomètres plus loin. Mis à part les tarifs interurbains, le téléphone n'a aucune notion de distance.

Un des avantages du marketing de réseau est qu'on peut exploiter un commerce prospère à l'échelle nationale *par téléphone*.

La meilleure façon de communiquer l'enthousiasme est de vive voix. Ne restreignez donc ni vos idées ni vos paroles à votre environnement immédiat. Grâce aux nouvelles technologies de télécommunications, aux conférences téléphoniques et autres véhicules, de plus en plus de distributeurs seront susceptibles de joindre de plus en plus de gens. Bientôt, nous aurons atteint *tout le monde !*

Utiliser le téléphone est la troisième étape dans votre programme de prospection.

La prospection, troisième étape : utiliser le téléphone

C'est par téléphone que vous invitez vos clients potentiels prioritaires à prendre connaissance de votre produit et de votre occasion d'affaires.

Le téléphone comme allié. Pour certains, le téléphone est un objet froid et impersonnel. Il vous appartient d'en faire votre allié.

Je vous suggère de placer un miroir près de votre appareil et d'écrire au haut de ce dernier, en grosses lettres, le mot « SOURIRE ! ». Ensuite, faites vos appels en vous regardant dans ce miroir tout en arborant un large SOURIRE.

Une de mes étudiantes a vaincu sa « peur du téléphone » en découpant des images de gens qui rient, qui sourient et qui s'étreignent. Elle les a collées tout près de l'endroit où elle fait normalement ses appels. Amusez-vous, écrivez-vous des affirmations ou des petits messages inspirants comme « Merci d'avoir appelé » ou bien « Quelle belle occasion d'affaires ! Je suis très contente que tu aies téléphoné ». Collez-les près de l'endroit où vous faites vos appels.

Le téléphone, c'est pour prendre des rendez-vous

Utilisez le téléphone d'abord et avant tout pour prendre des rendez-vous, *pas pour faire des présentations.* Trop souvent, nous essayons de vendre par téléphone et le téléphone n'est pas le meilleur médium pour faire une « présentation », à moins d'être un professionnel de la vente par téléphone.

Il existe quelques exceptions à cette règle. Par exemple, si vous parlez à quelqu'un qui habite à 4 000 kilomètres de chez-vous, ou encore si vous avez un produit qui est abordable pour la plupart des gens, un produit que les gens peuvent essayer facilement. Vous et votre client potentiel pouvez convenir que vous lui ferez parvenir un échantillon du produit pour qu'il l'essaie. Voici comment procéder.

Parlez du produit à votre client potentiel sans lui en préciser toutes les caractéristiques. Dites-lui simplement que vous trouvez ce produit merveilleux et que les gens qui l'ont essayé pensent de même. Partagez votre enthousiasme et votre expérience personnelle avec eux. Dites-leur que vous valorisez leur opinion et que vous voulez savoir ce qu'ils pensent de votre produit. Demandez-leur si vous pouvez leur envoyer un échantillon et de la documentation, et dites-leur que s'ils aiment le produit autant que vous, ils peuvent vous envoyer un chèque. S'ils ne l'aiment pas, pour quelque raison que ce soit, ils n'ont qu'à vous retourner l'échantillon. Évidemment, vous voudrez utiliser ce procédé uniquement avec vos clients potentiels de haute priorité.

Satisfaction garantie ou argent remis

Plusieurs compagnies de marketing de réseau offrent une garantie de satisfaction ou argent remis. C'est une politique courante et requise par la loi dans plusieurs états lorsque vous « vendez » quelque chose par téléphone, par Internet ou par la poste.

La nature humaine est telle qu'on n'aime pas demander de ravoir notre argent. Cela, combiné au fait que la plupart des produits du marketing de réseau sont *réellement spéciaux et efficaces*, rend cette approche sécurisante. Si vous êtes vraiment emballé par votre produit et qu'il vous donne satisfaction, il y a de bonnes chances que les autres soient satisfaits aussi.

Vous connaissez « l'effet placebo » ? Un tiers des sujets obtient des résultats positifs, un tiers n'obtient aucun résultat et un autre tiers n'a aucune idée s'il obtient un résultat ou non. Les compagnies de marketing de réseau offrent de si bons produits qu'elles doublent le pourcentage de résultats positifs, 60 p. cent ou plus. Si vous avez « classé » vos clients potentiels par priorité, comme je vous l'ai suggéré, vous obtiendrez un aussi bon résultat, sinon meilleur.

Si vous offrez un produit qui se vend entre 20 $ et 70 $ et que vous l'assortissiez d'une garantie de satisfaction ou argent remis, la plupart des gens seront prêts à l'essayer sur votre recommandation personnelle. Dites-leur simplement que vous désirez qu'ils l'essaient pour quelques jours, que vous inclurez une facture et que, s'ils en retirent des bienfaits et qu'ils l'aiment vraiment, ils n'ont qu'à la payer.

Cinq moyens d'utiliser le téléphone de façon efficace

Il y a cinq éléments qui doivent faire partie de toutes vos invitations téléphoniques. Ils accroîtront votre efficacité de façon phénoménale. Les voici :

1. « Est-ce un bon moment ? »
2. Transmettez votre enthousiasme.
3. Complimentez votre client potentiel.
4. Sans obligation.
5. Atteignez le but fixé.

Considérons ces éléments un à la fois.

1. « Est-ce un bon moment ? »

Vous est-il déjà arrivé de recevoir un appel alors que vous n'aviez pas envie de parler ? Quelle sorte d'accueil avez-vous réservé à la personne qui vous appelait ? L'avez-vous bien écoutée et étiez-vous ouvert à ce qu'elle vous disait ? Cela nous est tous arrivé.

Donc, premier point, assurez-vous que c'est un moment propice pour appeler. C'est une marque de respect toujours appréciée qui vous assure l'écoute que vous méritez.

2. Transmettez votre enthousiasme

La plupart des gens croient que la communication est un transfert d'information d'une personne à l'autre. Dans certains cas, c'est vrai. Mais une communication réellement efficace est d'abord et avant tout un transfert d'*enthousiasme*.

Ce que vous dites est important. Toutefois, je crois que *ce que vous ressentez* à propos de ce que vous dites l'est beaucoup plus.

Il n'est pas nécessaire d'être expert et de connaître toutes les caractéristiques de votre produit, de votre compagnie et de votre plan de mise en marché pour causer un impact. En fait, ce *genre* d'expertise peut entraver une communication efficace.

Souvenez-vous que c'est une entreprise de duplication. Il est beaucoup plus aisé d'apprendre à partager l'enthousiasme que de tenter de transmettre des années de connaissances accumulées.

Plus vous faites preuve d'enthousiasme, plus vous aurez du succès rapidement. Et comme je vous l'ai déjà dit, la clé de l'enthousiasme est la conviction. Vous devez être votre propre meilleur client ! Si vous constatez que de moins en moins de gens s'intéressent à votre produit ou à votre occasion d'affaires, examinez votre niveau d'enthousiasme. Il a probablement commencé à décliner.

Un vieil adage nous dit qu'à nos débuts nous avons 90 p. cent d'enthousiasme et 10 p. cent de connaissances. Avec le temps, cela se transforme en 90 p. cent de connaissances et 10 p. cent d'enthousiasme. Avant d'en arriver là, il faut soit augmenter son niveau d'enthousiasme, soit se trouver un autre produit avec lequel travailler.

3. Complimentez votre client potentiel

Faire un compliment à un client potentiel au téléphone accomplit deux choses.

Premièrement, cela établit clairement dans leur esprit pourquoi il vous était si important de *le* joindre, et deuxièmement, cela vous permet de vous approprier toute son attention.

Si la personne qui vous appelle aborde tout de suite son sujet ou si elle vous dit d'abord qu'elle tient votre opinion en haute estime parce que vous êtes professionnel, ou parce que vous avez un bon sens des valeurs ou encore bon goût, l'écoutez-vous différemment ? Il y a une différence, n'est-ce pas ? Utilisez cette approche !

4. Sans obligation

Combien de fois avez-vous été la proie de quelqu'un qui voulait vendre, vendre à tout prix ! Plus il s'acharnait, plus vous vous fermiez les oreilles. C'est naturel. C'est une forme de protection.

Vos clients potentiels doivent sentir qu'ils ne sont pas obligés de vous rencontrer. Laissez la chance à leur curiosité naturelle de faire surface. Dites-leur que ce produit ne convient pas à tout le monde. Cela piquera leur curiosité.

5. Atteignez le but fixé

Il est important d'atteindre le but fixé à chaque appel.

Si votre but est de prendre rendez-vous, offrez un choix de jours et d'heures qui seraient propices à une rencontre. Ne demandez pas : « Quand pouvons-nous nous rencontrer ? » Si votre but est d'expédier un échantillon de votre produit ou du matériel de promotion, prenez pour acquis que c'est ce que le client veut et demandez-lui à quelle adresse vous pouvez expédier le colis.

Prenez toujours pour acquis que le client veut ce que vous lui offrez. Armé d'une telle attitude, vous aurez raison la plupart du temps.

Voici un exemple d'une façon de combiner ces cinq éléments.

> « Bonjour Louise, ici John Kalench. As-tu quelques minutes de libre pour que nous parlions ? Oui ? Super !
>
> « Louise, je t'appelle parce que je viens de m'engager dans quelque chose de fascinant. J'ai pensé à toi parce que les gens te respectent beaucoup et je sais que tu pourrais connaître beaucoup de succès dans un commerce de ce genre.
>
> « Je ne peux pas te donner de garanties, Louise. Je ne suis pas tout à fait certain que ça s'adresse à toi. J'aimerais qu'on se rencontre quelques minutes et qu'on en discute. Je crois que tu verras que c'est une occasion d'affaires fantastique et comment, avec elle, nous pouvons avoir beaucoup de plaisir et faire beaucoup d'argent ensemble.
>
> « Alors, Louise, je t'invite à dîner cette semaine. Quel jour te convient le mieux, mardi ou jeudi ? »

Les cinq éléments sont présents dans cet appel.

Je vous recommande d'écrire un scénario avant de faire vos appels. Le but n'est pas de le réciter machinalement, mais d'avoir sous les yeux les points-clés : pourquoi vous appelez Louise (pourquoi elle est importante pour vous), pourquoi ça ne s'adresse peut-être pas à elle, ce que vous voulez faire, et enfin, un choix de dates de rencontre.

Avec les grandes lignes de votre scénario à portée de la main, vous n'aurez pas à faire d'effort pour penser à ce que vous voulez dire. Vous pourrez vous concentrer sur la communication de votre enthousiasme.

Des questions courantes

Il y a des questions qu'on vous posera souvent.

Si on vous demande « De quoi s'agit-il ? », je vous recommande fortement de *répondre. N'esquivez pas la question !*

Précisez à votre interlocuteur le nom de la compagnie et le nom du produit. Soyez prêt à décrire la compagnie ou le produit en une phrase ou deux et revenez immédiatement au but de votre appel. Prenez votre temps. Éviter une question ou faire sentir que vous auriez préféré qu'on ne vous la pose pas laisse une mauvaise impression.

Si vous êtes vraiment enthousiaste, vous répondrez aux questions avec joie et vous enchaînerez rapidement avec votre scénario. Sinon, votre client potentiel s'en rendra compte. Nous détectons tous instantanément un manque de sincérité.

Les deux plus grandes qualités dans ce commerce sont votre intégrité et votre parole. Donc, quand on vous pose une question, répondez de façon directe, concise et vraie, puis revenez ensuite à votre but.

« Je suis occupée »

Parfois, on vous dira : « Je ne sais pas, John, je suis très occupée, je ne crois pas que ça m'intéresse. » Vous pouvez répondre :

« Louise, je sais que tu es occupée. C'est une des raisons pour laquelle je te téléphone. Je sais que tu es une femme d'action. Si en 20 ou 25 minutes tu ne trouves pas ma proposition totalement emballante, je ne t'en reparlerai plus jamais. Alors, je t'invite toujours à dîner. Quel jour te convient le mieux, mardi ou jeudi ? »

Si, après votre présentation, elle n'est toujours pas intéressée, n'insistez pas.

Tenez toujours parole avec vos clients potentiels.

« Ça ne m'intéresse pas »

Voici comment vous y prendre avec cette réponse.

Découvrez ce qui, précisément, n'intéresse pas votre client potentiel. Posez une question comme :

« Louise, je respecte ton point de vue. Pour mon intérêt personnel, pourrais-tu me dire ce qui, au juste, ne t'intéresse pas ? Est-ce le produit ou les bienfaits ? Est-ce l'idée de travailler à ton compte ? »

Si c'est l'occasion d'affaires qui n'intéresse pas votre interlocuteur, vous pouvez répondre que vous comprenez et l'encourager à essayer le produit sur votre recommandation, avec la garantie de satisfaction ou argent remis.

Par contre, un manque d'intérêt cache souvent autre chose.

C'est peut-être un temps difficile dans la vie de votre contact. Peut-être a-t-il (elle) vécu une mauvaise expérience avec une occasion d'affaires qui ne leur convenait pas ou un autre produit distribué par marketing de réseau. Quoi qu'il en soit, essayez de préciser en quoi la personne n'est pas intéressée et pourquoi.

Si elle est *totalement* désintéressée, pas de problème. Laissez-lui cette liberté. *N'insistez pas !* Laissez toujours la porte ouverte pour qu'elle vous rappelle si elle le désire.

Restez en contact

« Et bien Louise, je comprends que tu ne sois pas intéressée maintenant. Cependant, ton opinion m'est précieuse, alors j'aimerais rester en contact avec toi. Serais-tu d'accord que je te rappelle dans un mois pour te donner des nouvelles ? »

Soyez absolument certain que cette personne n'a aucune objection à ce que vous la rappeliez dans un mois.

La plupart du temps, un « manque d'intérêt » veut simplement dire que le temps n'est pas propice. Rien ne réussit comme la réussite, et quand les gens verront que vous avez du succès, ils seront peut-être plus ouverts plus rapidement que vous ne l'auriez imaginé.

Et n'oubliez pas, dans ce commerce, il faut toujours faire un tri. Donc…

CO, CN, PI, SUIVANT !

Restez en contact avec les gens est la vraie clé de votre succès.

Il m'est arrivé souvent qu'un distributeur me parle d'une occasion d'affaires à un moment qui n'était pas propice. Par contre, parce qu'il avait gardé le contact, et après quelques mois, j'étais ouvert à son offre. C'est vrai, les gens adorent partager leur succès. Entendre parler de quelqu'un qui réussit me fait sourire et me rend heureux. Maintenez toujours le contact et partagez votre succès avec les autres. C'est très puissant.

Les experts disent que certaines personnes ne répondent pas positivement avant la quatrième ou cinquième tentative. Je ne sais pas si c'est tout à fait vrai. Je sais par contre que la persistance et la « patience infinie » portent fruits. Une fois de plus, il faut passer à l'action, et remerciez toujours, quoiqu'il arrive. Remerciez la personne pour son opinion, pour son soutien, et pour le temps qu'elle vous a consacré. Faites-lui un compliment si vous pouvez. C'est une manière de vous assurer qu'elle sera heureuse que vous lui ayez téléphoné.

Nouvelle approche : demandez conseil

Une façon très efficace de présenter une occasion d'affaires à quelqu'un est de lui demander conseil. Cette méthode a l'avantage de combiner tous les éléments-clés. Elle est particulièrement efficace quand vous vous adressez à des membres de votre famille, à des amis ou à des connaissances dont vous respectez l'opinion.

Dites-leur simplement que vous songez à vous lancer en affaires, ou que vous venez de le faire, et que vous désirez leur présenter votre produit ou votre occasion d'affaires afin d'obtenir leur opinion. Les gens adorent donner des conseils, surtout si vous les élevez à la position d'expert en la matière. Il y a de fortes chances qu'ils attribuent autant de valeur que vous à votre produit et/ou à votre occasion d'affaires. Ainsi, votre « expert » devient votre client ou votre distributeur.

Je vous recommande de préparer deux scénarios distincts : un pour votre famille et vos amis intimes et un autre pour vos connaissances et les gens que vous connaissez peu. Il n'y a que quelques mots à changer selon le scénario.

Apprenez à aimer votre téléphone

Un grand sage a dit un jour : *La vitesse à laquelle nous manifestons les choses que nous voulons dans la vie est directement proportionnelle à la vitesse à laquelle nous devenons à l'aise avec ces choses.*

Plus vous devenez ami rapidement avec votre téléphone, plus vous pourrez utiliser rapidement sa puissance incroyable pour construire un commerce prospère. Engagez-vous à appeler un nombre précis de personnes chaque jour, chaque semaine, chaque mois, et faites-le. Vous serez surpris de la vitesse à laquelle votre téléphone s'allégera. Je vous suggère de vous procurer un appareil qui vous plaît et dont l'usage est agréable.

La liste sans fin de clients potentiels

Quand j'ai mis sur pied mon entreprise, j'ai dressé ma liste de cent noms et j'ai commencé à travailler immédiatement. J'ai pris des rendez-vous et j'ai fait plusieurs présentations à des clients potentiels du groupe « A ». Une chose inattendue s'est produite.

Plusieurs des clients potentiels de ce groupe ont accepté d'utiliser le produit mais n'ont manifesté aucun intérêt pour l'occasion d'affaires, du moins pas tout de suite. Par contre, ils m'ont donné les coordonnées de quatre ou cinq amis ou membres de leur famille qui pouvaient être intéressés à mon produit. En peu de temps, ma liste comprenait 150 noms et *elle s'allongeait à partir de noms de catégorie « A », obtenus grâce à mes clients potentiels !*

J'ai mis longtemps à me rendre aux groupes « B » et « C ». Dès que quatre ou cinq des gens référés par mes premiers clients potentiels commençaient à utiliser le produit et s'intéressaient à l'occasion d'affaires, je contactais de nouveau ces premiers clients potentiels et je leur démontrais qu'une occasion d'affaires était à leur portée, s'ils la voulaient. Ils ont presque tous dit oui.

Savez-vous une chose ? Toutes ces références étaient des étrangers !

Votre « marché tiède »

Je ne suis pas entièrement satisfait du terme « marché tiède », utilisé en marketing de réseau pour désigner la famille et les amis qui composent, au début, la majeure partie de notre liste de clients potentiels. L'existence d'un « marché tiède » sous-entend l'existence d'un « marché froid ». Je ne suis pas d'accord. Le seul marché froid se trouve en Islande.

En fait, tôt ou tard, et pour la plupart d'entre nous c'est tôt, vous recruterez des « inconnus » dans votre commerce. Pensez-y bien !

Dans deux ou trois ans, vous aurez une grosse entreprise de marketing de réseau prospère. Elle comptera, disons, cinquante à cent leaders et une organisation de milliers de personnes. Combien de ces personnes connaissez-vous aujourd'hui ? En fait, vous n'en connaissez pour ainsi dire que très peu.

Le tri

Je répète, il ne s'agit pas de convaincre les gens, il s'agit de faire un tri pour déceler lesquels sont ouverts à votre produit et à la possibilité de se lancer en affaires.

Je me souviens, quand j'étais jeune, d'avoir écouté une entrevue diffusée pendant l'intermission d'un match de football avec un joueur de défense des Colts de Baltimore, Earl « Big Daddy » Lipscomb. C'était un excellent joueur, d'une forte taille. Le commentateur lui a demandé : « Earl, comment expliquez-vous votre étrange habileté à intercepter celui qui porte le ballon ? » Big Daddy lui esquissa un large sourire et lui répondit : « C'est facile. Je les intercepte tous jusqu'à ce que j'arrive au porteur de ballon. » Lui aussi avait recours au tri.

Souvenez-vous que vous prospectez, vous cherchez des valeurs déjà existantes. Le téléphone est un des meilleurs outils pour trier rapidement vos clients potentiels et mettre rapidement le cap sur le succès.

Maintenant, parlons de prospection autre que par téléphone.

~~Ne jamais~~ parler à des inconnus

Pourquoi est-ce si terrifient de parler à des inconnus ? Pensez-vous que le petit message entendu pendant notre enfance, « Ne parle jamais à des inconnus », est à ce point enraciné dans notre subconscient qu'il continue de nous hanter ?

Qu'importe la raison. Tôt ou tard, en marketing de réseau, il faut parler à des inconnus, tout en y prenant plaisir.

Le monde comme une huître

Le monde est rempli de perles. Présentement, elles vous sont toutes inconnues. Comment les trouver ? Comment franchir les barrières et créer un nombre toujours grandissant de nouvelles relations prospères ? Comment faire des inconnus nos amis ?

La réponse à cette question constitue une des meilleures parties du présent livre. La réponse est… *en ayant du plaisir !*

Voilà ce que ça prend. Voulez-vous avoir du plaisir ? Voici plusieurs choses agréables à faire.

Être une publicité ambulante pour vos produits et votre occasion d'affaires

Dans la mesure du possible, transportez vos produits avec vous. Quand vous êtes avec des inconnus, sortez-les, affichez-les autour de vous, mélangez-les, offrez aux gens d'y goûter ou d'y toucher le cas échéant, promenez-les devant les gens, échappez-les sur eux (je blague) !

Bref, attirez l'attention le plus possible. Arrangez-vous pour que les gens démontrent de l'intérêt et vous posent des questions. Vous êtes aussi une agence de publicité. Alors, faites de la publicité.

Les macarons sont des outils merveilleux. Oui, oui, les macarons. Si votre compagnie en produit, portez-les, surtout s'ils provoquent une réaction.

J'avoue que cette idée ne me disait rien au début. Toutefois, mon expérience m'a convaincu qu'ils sont incroyablement efficaces.

Sur le macaron d'une certaine compagnie, on peut lire : « Perdez du poids maintenant. Demandez-moi comment. » Je connais des distributeurs dont la seule forme de prospection est de se promener dans un centre d'achat avec leur macaron et de parler aux gens qui viennent leur demander comment s'y prendre.

Je connais aussi une femme qui a beaucoup de succès dans une compagnie de filtres à eau. Elle porte un macaron sur lequel on peut lire : « Eau en bouteille pour seulement 3 cents le 4 litres. » Elle me disait que souvent, dans un supermarché, des gens qui transportent dans leur chariot cinq bouteilles de 4 litres, à un dollar chacune, lui demandent si son macaron dit la *vérité*. Elle sort *rarement* sans son macaron. Son commerce rapporte 260 000 $ par année à sa famille.

Si votre compagnie ne produit pas de macarons, vous pouvez en fabriquer vous-même. Les machines à fabriquer des macarons simples ne coûtent pas cher. Plusieurs compagnies en vendent à un prix si raisonnable qu'avec un ou deux de vos distributeurs, vous pourrez fabriquer les macarons de votre choix.

Les autocollants sur le pare-chocs de votre voiture sont aussi très efficaces, sans oublier des affiches dans les glaces de votre voiture.

Je connais un distributeur qui conduit une Mercedes fournie par sa compagnie. Dans deux des glaces de sa voiture, il a inscrit :

« J'ai obtenu cette voiture GRATUITEMENT. Demandez-moi comment vous procurer la vôtre », suivi de son numéro de téléphone. Il reçoit en moyenne huit appels par semaine.

Des macarons, des autocollants, des blocs-notes, des chapeaux, des t-shirts, des cartes postales... Voilà quelques façons drôles et agréables de véhiculer votre message et de faire en sorte que les gens *vous téléphonent.* Soyez créatif ! Ayez du plaisir ! Les gens adorent ça !

Et parlant de plaisir et de créativité, voici une autre histoire.

Les poignées de porte de Doris

Une de mes amies très chère, en fait une bonne amie issue de l'industrie du marketing de réseau, s'appelle Doris Wood. Doris est présidente de l'association de notre industrie, la Multi-Level Marketing International Association (MLMIA) depuis de nombreuses années. C'est une distributrice dont le revenu atteint le million de dollars et c'est aussi une consultante très recherchée. Doris refuse catégoriquement de faire quoi que ce soit qui n'est pas drôle. Voici d'ailleurs un truc rigolo dont elle se sert depuis des années.

Doris se rend dans une quincaillerie et demande à voir toutes les poignées de porte qu'on y vend. Elle en choisit une qu'elle aime, habituellement en cristal, d'un style élégant, en cuivre, en bois, en autant qu'elle lui plaise. Ensuite, elle transporte sa poignée de porte partout où elle va.

Dans un magasin, elle la pose sur le comptoir, dans un café ou un restaurant, elle la place sur la table. Elle l'apporte en avion, en auto, partout. Les gens ne peuvent absolument pas résister de lui demander pourquoi sa poignée de porte l'accompagne partout où elle va. Elle n'attend que ça ! Doris fixe la personne avec ses grands yeux brillants, lui esquisse un large sourire et lui dit :

« Je suis *tellement* contente que vous m'ayez posé cette question-là ! Cette poignée m'accompagne pour me rappeler de vous dire que la porte des possibilités s'ouvre toute grande pour vous grâce à... », et elle nomme sa compagnie ou son produit. Et la voilà partie !

Doris est experte en une matière qui peut vous donner du succès en marketing de réseau : elle comprend la *nature humaine.* Elle sait que la plupart des gens ne retirent pas de plaisir de leur travail et qu'ils ne peuvent pas résister à quelqu'un qui s'amuse. Elle sait aussi que la partie la plus difficile lorsqu'il s'agit de parler à des inconnus est de prendre son courage à deux mains et de les aborder. Alors elle s'arrange pour que ce soit eux qui viennent à elle ! Brillant, n'est-ce pas ?

Une nouvelle façon de payer vos comptes

Fermez vos yeux un instant et imaginez les employés qui reçoivent le paiement de vos factures. Pensez-vous qu'ils s'amusent ?

Qu'adviendrait-il s'ils recevaient, avec votre paiement, un de vos dépliants ou une note personnelle les invitant à faire l'essai de votre produit ou service, en même temps qu'elle les informe d'une magnifique occasion de se lancer en affaires ? Vous n'avez rien à perdre. Vous leur envoyez de l'argent et vous avez déjà payé le timbre. Essayez !

En fait, ne laissez aucune lettre quitter votre domicile sans y avoir ajouté un message sur votre produit ou votre commerce. C'est un moyen simple et économique de présenter votre produit et/ou votre occasion d'affaires à des centaines de personnes.

La première impression

Vous connaissez la valeur et l'importance d'une première impression. Comme on dit, vous n'avez qu'une seule chance de laisser une première impression.

Savez-vous que la personne moyenne prend jusqu'à 40 décisions à votre sujet pendant les premières minutes d'une rencontre ? C'est assez incroyable ! Votre apparence, votre sourire, le maintien d'un contact visuel, ce que vous dites et comment vous le dites, votre écoute, votre langage corporel… Tous ces détails et plus encore sont soumis au crible au cours des deux ou trois premières minutes d'un contact.

Il existe beaucoup de documentation sur la façon de laisser une bonne première impression, beaucoup trop pour l'inclure dans le présent livre. Permettez-moi seulement d'énumérer quelques ressources qui vous seront d'une aide précieuse.

Un de mes livres préférés est le premier de Dale Carnegie, un de ses meilleurs : *How To Win Friends And Influence People (Comment se faire des amis et influencer les gens)*. Il est rempli de sagesse et de renseignements pratiques. C'est le meilleur de tous.

Jack Trout et Al Ries ont aussi écrit un des classiques du marketing qui s'intitule : *Positioning : The Battle For Your Mind (Mise en position : la lutte pour le contrôle de votre esprit)*. Ce livre vous expliquera comment vous « positionner » afin de laisser une bonne impression. Utile pour comprendre à positionner votre produit et votre occasion d'affaires, car les mêmes règles s'appliquent.

Pour sa part, le livre de Robert Panté, *Dressing To Win (S'habiller pour gagner)*, explique comment utiliser l'habillement pour vous présenter à votre mieux. Si vous avez envie d'élargir vos horizons, Genie Laborde a écrit un excellent livre basé sur les principes de la programmation neuro-linguistique. Il s'intitule *Influencing With Integrity (Influencer avec intégrité)*. Je reparlerai de quelques-uns de ses principes un peu plus loin dans la section réservée au développement du rapport avec les gens.

Souvenez-vous : éducation et connaissance. C'est ce qui fait des Alain et Alice Accomplissements des distributeurs prospères.

Alors, qu'est-ce que vous faites ?

Imaginez que vous vous rendez dans une soirée ou à une fonction sociale et qu'on vous présente à des gens que vous ne connaissez pas. Inévitablement, les gens vous demandent : « Que faites-vous dans la vie ? » ou bien « Quel genre de travail faites-vous ? » Qu'allez-vous répondre ? Voilà une magnifique chance de faire un peu de publicité et de laisser une bonne première impression.

Dans mes ateliers, nous faisons un exercice où nous préparons différentes réponses à cette question.

J'ai travaillé un jour avec un vendeur d'assurance prospère qui faisait ses débuts en marketing de réseau avec une compagnie de nutrition. Les choses allaient pas mal, mais il savait qu'il pouvait faire mieux. Il s'est donc porté volontaire pour l'exercice et s'est déplacé à l'avant de la salle. Je lui ai alors demandé ce qu'il faisait dans la vie. Il m'a donné deux réponses :

« Je suis distributeur en marketing à paliers multiples et je travaille avec la compagnie XUZ. Nous vendons les produits blik, blik, blik… » Puisqu'il n'y avait rien de très excitant dans tout cela, nous avons travaillé son entrée en matière. Finalement, nous avons concocté ce qui suit :

« Je travaille dans l'industrie de la santé et de l'abondance. Laquelle vous intéresse le plus ? »

Beaucoup plus intéressant ! Je l'ai revu deux mois plus tard et son commerce était en pleine expansion.

En peu de temps, vous élaborerez quelques réponses du tonnerre à la question : « Que faites-vous dans la vie ? » Vous pouvez en adopter une qui correspond à votre personnalité. Vous serez surpris de la croissance de la confiance en vous qui en découlera immédiatement. Je vous promets que les minutes que vous investirez ainsi seront parmi les plus productives de toutes celles de l'histoire de votre commerce.

La première impression est la plus importante

Je vous demande de tatouer la phrase suivante à l'intérieur de votre tête, au premier rang de votre esprit :

Les gens n'ont aucun intérêt pour ce que vous savez avant de savoir si vous avez un intérêt pour les gens.

En d'autres termes : apprenez à vous effacer pour vous concentrer sur les autres.

Posez des questions et écoutez les réponses avec attention.

C'est peut-être la clé du succès la plus puissante de toute cette industrie, et de la vie aussi.

Tout ça n'est qu'un jeu

La prospection n'est qu'un jeu. À bien y penser, la vie aussi !

Je ne soutiens pas qu'il faille prendre l'une ou l'autre à la légère. Je veux simplement dire que si vous abordez la prospection et la vie avec créativité, avec plaisir et comme s'il s'agissait d'un jeu, elles prennent toutes deux un aspect tout nouveau.

La prospection est un jeu de chiffres. Une fois que vous en connaissez les trucs et les techniques, ceux qui sont enseignés dans ce chapitre entre autres, vous verrez que *plus vous parlez à un grand nombre de personnes, plus vous aurez du succès.* C'est aussi simple que ça.

Une façon de garantir l'échec dans cette industrie est de parler à trop peu de gens. Par contre le succès sera assurément au rendez-vous si vous parlez à de plus en plus de personnes. Vous devrez peut-être sortir de votre zone de confort au début. C'est dur, mais faites-le. Pourquoi ? Parce que si vous prenez l'habitude de faire des inconnus vos amis, vous prendrez l'habitude de faire de l'argent.

Faites-en un jeu.

Rendez-vous au magasin et achetez-vous dix petites billes. Mettez-les dans votre poche ou votre sac. Chaque fois que vous parlez à un inconnu pour quelque raison que ce soit, déplacez une des billes vers l'autre poche. Ce jour-là, n'allez pas au lit tant que votre première poche n'est pas vide !

Ne vous faites pas de bile à propos de ce que vous direz. Vous n'êtes pas obligé de parler de votre commerce ou de votre produit au début. Parlez de n'importe quoi.

Votre succès se mesure simplement par le nombre de nouvelles personnes que vous rencontrez. Bientôt, vous serez tellement habile à parler à des inconnus qu'au moins cinq à dix personnes par jour voudront vous connaître et savoir ce que vous faites. Quand vous commencez ce jeu, vous n'avez besoin que de conversation. À chaque conversation, même si elle est très courte, déplacez une bille. Chaque bille déplacée représente un succès, sans égard au résultat de la conversation. En quelques semaines à peine, vous serez expert à faire des inconnus vos amis, et vous aurez tous les clients potentiels que vous désirez pour vos produits et votre commerce. Encore plus important, vous aurez fait « du monde une huître ».

Et n'oubliez pas : CO, CN, PI, SUIVANT (Certains disent Oui, Certains disent Non, Peu Importe, au suivant !). Un maître prospecteur est un maître joueur.

Maintenant, que diriez-vous de devenir un maître de la présentation ? Alors, tournez la page.

Chapitre 6

Votre présentation

Le commerce qui nous concerne est d'abord et avant tout une entreprise à caractère humain et c'est l'aspect que nous allons maintenant aborder dans : la présentation. C'est l'occasion où vous vous trouverez en contact intime avec votre client potentiel, et c'est là un aspect fondamental du commerce et de la formation de tout distributeur. Aimeriez-vous connaître un moyen de rendre vos présentations faciles et agréables ? Alors continuez à lire.

La présentation est la base de votre commerce. Elle est bien différente de la soirée d'information dont je parlerai bientôt. Pour l'instant, je parle de présentations que vous ferez une personne à la fois. Vous la ferez seul ou accompagné de votre parrain et éventuellement de quelqu'un que vous parrainerez.

Vous avez déjà dressé votre liste de clients potentiels et en avez placé les noms en ordre de priorité. Vous maîtrisez les techniques d'appels téléphoniques et pris rendez-vous avec les « bonnes personnes ». Maintenant, vous allez apprendre *comment* dire les « bonnes choses » quand vous vous retrouvez face à face avec vos clients potentiels.

Votre présentation est un cadeau

Une des parties les plus difficiles de la présentation est de demander aux gens de nous accorder 30, 40 minutes ou 60 minutes de leur temps afin de pouvoir leur parler de notre produit ou de notre occasion d'affaires. Nous sentons souvent que nous nous imposons parce que les gens sont occupés et que leur temps est précieux.

Personnellement, je choisis de voir la présentation sous un autre angle. Le dictionnaire définit une « présentation », comme une performance, ou l'action *d'offrir un cadeau à quelqu'un.*

Chaque fois que vous vous donnez la peine de parler de votre produit, de votre compagnie ou de votre occasion d'affaires à quelqu'un, vous lui offrez un cadeau.

Votre temps aussi est précieux. Si vous vous tenez en assez haute estime et que vous faites de même pour l'autre personne, du moins assez pour prendre un rendez-vous avec elle et lui parler de quelque chose qui, selon vous, lui procurera de grands bienfaits, alors vous êtes quelqu'un de très spécial !

Il est primordial, au début, de ne pas perdre de vue que votre présentation est un cadeau. Vos clients potentiels ne voudront pas toujours essayer vos produits ou joindre votre commerce. Si vous êtes convaincu que votre proposition est un *cadeau*, vous serez toujours content de l'avoir offert, qu'il soit accepté ou non.

Quel genre de personne donne continuellement des cadeaux aux autres ? Voilà une bonne personne. Et c'est le type de personne que vous êtes.

Récompensez-vous de votre succès

Voici un petit jeu de reconnaissance très efficace que j'enseigne aux gens !

Ouvrez-vous un nouveau compte d'épargne et appelez-le « fonds de reconnaissance ». Chaque fois que vous faites une bonne présentation, c'est-à-dire chaque fois que vous prenez la peine d'offrir votre cadeau à quelqu'un, quel que soit le résultat, déposez 10 $ dans votre nouveau compte.

Dites-vous que ce dépôt représente les « applaudissements » que vous méritez pour avoir fait votre présentation. Quand on vous aura accordé une « ovation », et cela vous arrivera, déposez 20 $ dans votre compte.

Étant donné qu'il y a 20 ou 30 noms sur votre liste de clients potentiels de haute priorité, en peu de temps, vous devriez avoir accumulé quelques centaines de dollars dans votre fonds de reconnaissance. Qu'allez-vous faire de cet argent ?

Vous récompenser, évidemment ! Vous le méritez bien !

Cinq étapes pour faire une présentation efficace:

Je vous propose une méthode pour faire des présentations efficaces de grande portée.

Étape n° 1 : Captez l'attention de votre client potentiel

Étape n° 2 : Découvrez ses intérêts

Étape n° 3 : Éveillez son désir de réussir

Étape n° 4 : Offrez le choix

Étape n° 5 : « Vous avez fait un bon choix! »

Étape n° 1 : Captez l'attention de votre client potentiel

Comme je l'ai dit dans le chapitre précédent, la première impression que vous laissez aux gens est la plus importante. Le principe s'applique aussi bien aux présentations qu'à la prospection. Souvenez-vous des éléments dont nous avons déjà parlé qui influencent la première impression : votre apparence, votre façon de parler, votre écoute et votre langage corporel. N'oubliez surtout pas que les *gens n'ont aucun intérêt pour ce que vous savez avant de savoir si vous avez un intérêt pour les gens.*

C'est là une clé et voici pourquoi.

Développez un rapport instantané avec les gens

Il vous faut d'abord capter l'attention de votre client potentiel. La façon la plus rapide et la plus efficace d'y parvenir est de lui démontrer que vous vous intéressez à son bien-être.

Faites-lui un compliment. Dites-lui l'importance qu'il a pour vous et pourquoi c'est un privilège de le rencontrer.

Démontrer à un client potentiel que vous l'aimez et que vous l'appréciez est une bonne façon de vous faire aimer et apprécier en retour.

Vous pouvez débuter la conversation avec un sincère « Comment vas-tu ? » et écouter attentivement la réponse. On pose et on répond rarement à cette question avec sincérité. Poser des questions et écouter attentivement les réponses démontrent à une personne qu'on l'aime. De plus, les réponses données peuvent vous fournir d'importantes informations qui vous permettront de structurer votre présentation selon les besoins et les aspirations de votre client potentiel.

N'acceptez pas de réponses toutes faites. Si votre client évite la question, insistez gentiment.

« Sincèrement, Robert, comment vas-tu ? », et engagez-vous à « écouter attentivement ». C'est un très bon début pour une présentation. En plus de démontrer à la personne que vous vous intéressez sincèrement à son bien-être, vous donnez le ton à la présentation, établissant dès le départ que vous avez une bonne *écoute*.

L'écoute, plutôt que la parole, est la clé d'une présentation efficace et réussie. La nature nous a donné une seule bouche et deux oreilles. Y aurait-il là un message ?

La détente

Afin de développer un bon rapport avec votre client, il est très important qu'il (elle) soit *à l'aise*.

Quand les gens sont mal à l'aise ou distraits, ils ne peuvent pas écouter. Vous voulez que votre client potentiel soit *détendu.*

Maxwell Maltz, auteur du révolutionnaire *Psycho-Cybernetics (La psycho-cybernétique)*, a découvert que les gens ne sont pas ouverts au changement à moins d'être détendus. Il est évident qu'une des choses que vous désirez accomplir pendant votre présentation est de changer l'opinion de votre client potentiel concernant votre produit et votre occasion d'affaires. La détente est donc un élément essentiel. En cela, votre comportement influencera beaucoup le niveau de détente de votre interlocuteur.

Soyez un miroir

Agir comme un miroir est une façon simple de détendre votre client potentiel, de le mettre à l'aise pour qu'il soit heureux d'entendre ce que vous avez à lui dire.

Observez attentivement la posture, la respiration et les gestes de votre client potentiel et imitez-les doucement. Copiez votre client potentiel.

Croisez vos jambes s'il croise les siennes. Assoyez-vous en lui faisant face ou un peu de côté, comme lui. Respirez au même rythme que lui, copiez ses gestes ou ses expressions faciales, penchez-vous ou redressez-vous, comme lui le fait.

C'est un processus subtil que nous adoptons souvent inconsciemment. Observez des couples ou des petits groupes de personnes autour de vous et vous verrez qu'ils posent souvent les mêmes gestes et qu'ils adoptent la même posture sans nécessairement s'en rendre compte.

Écoutez attentivement ce que dit votre client potentiel. Les gens utilisent des expressions qui correspondent à un de leurs traits de caractère dominants. Si vous pouvez utiliser le même genre d'expression, vous pourrez créer un rapport instantané avec ces personnes parce qu'elles sentiront que vous êtes comme elles.

Soyez attentif et essayez de déterminer laquelle des expressions suivantes votre client potentiel utilise le plus souvent, car elle révèle un trait de caractère dominant.

« Je vois » est utilisé fréquemment par les personnes de prédominance visuelle;

« Je t'entends » est l'expression préférée des auditifs ;

« Je sens que… » est révélateur d'une personne kinesthésique, donc de dominance émotive ;

« Je pense » est l'expression favorite des intellectuels.

Quand vous aurez identifié une prédominance, vous pourrez utiliser des expressions qui lui sont caractéristiques. « Tu vois ce que je veux dire ? » ou bien « Est-ce que ça te parle ? » ou encore « Comment te sens-tu face à ce que je te dis ? » ou « Qu'en penses-tu ? »

Vous serez étonné des résultats obtenus !

Il existe un outil hors pair pour développer une affinité avec les gens : la programmation neuro-linguistique ou PNL. La PNL touche aux menus détails de la technique du miroir : la syntaxe, le mouvement des yeux, les changements de couleur de la peau et plus encore.

Toutefois, j'ai une certaine réserve par rapport à la PNL et certains de ses praticiens. Mal utilisée, la PNL peut être utilisée pour manipuler les gens. Je suis contre toute forme de manipulation ! Les relations basées sur la manipulation ne peuvent que tourner au vinaigre !

L'art de la PNL est pur et positif. Comme pour le marketing de réseau, ses principes sont sains, même inspirants. C'est la façon dont elle est utilisée qui en fait soit une *contribution dans la vie des gens, soit une vulgaire manipulation des autres.*

Un des meilleurs livres anglophones sur la PNL a pour titre *Influencing with Integrity, Management Skills for Communication and Negotiation (Influencer avec intégrité, techniques de gestion de communication et de négociation)*, écrit par Genie Z. Laborde et publié par Syntony Publishing, Palo Alto, en Californie.

C'est un véritable manuel de l'étudiant, minutieux, sensible, excellent ! Si les relations et la communication vous intéressent vraiment, c'est le livre qu'il vous faut !

« Parle-m'en un peu plus »

Voilà un moyen d'en apprendre davantage sur les gens et sur ce qui leur tient à cœur. Quand vous leur demandez de vous « en parler un peu plus », de vous « en dire plus long », les gens sentent que vous savez écouter et que vous vous intéressez réellement à eux.

Étape nº 2 : découvrir leurs intérêts

Dans la première partie de votre présentation, vous voulez en découvrir le plus possible sur les intérêts qui animent votre client potentiel. Demandez-lui de vous « en dire plus », surtout sur son expérience et sur ses aspirations en affaires.

Quand vous aurez établi un bon rapport avec votre client potentiel, demandez-lui s'il s'est déjà lancé en affaires et particulièrement en marketing de réseau. S'il n'a pas d'expérience de cette industrie, demandez-lui ce qu'il en connaît. Demandez-lui aussi de vous « en dire davantage », afin de bien comprendre où il en est.

Encouragez-le à vous parler de ses idées positives et négatives sur le sujet. Vous aurez besoin de ces renseignements afin de mener à bien la prochaine étape de votre présentation.

On ne peut pas faire plaisir à tout le monde !

Il y a des gens qui ne sont jamais contents. Voici d'ailleurs une petite anecdote qui illustre bien ce point.

Un homme était client régulier d'un certain restaurant. Il s'assoyait toujours à la même table et commandait les mêmes plats.

Un des serveurs lui prêtait un intérêt particulier. Un soir après le repas, le serveur demande à cet homme si tout avait été à son goût. Ce dernier répondit que les mets et le service étaient excellents mais qu'il aimait beaucoup le pain et qu'il était déçu de n'en avoir eu qu'une seule tranche. Le serveur en prit note.

La prochaine fois que l'homme vint souper, le serveur se fit un point d'honneur de lui apporter deux tranches de pain. Encore une fois, après le repas, le serveur demanda à l'homme si tout avait été à son goût. L'homme répondit que les plats et le service étaient excellents mais qu'il aimait beaucoup le pain et qu'il était déçu de n'en avoir eu que deux tranches. De nouveau, le serveur en prit note.

Quand l'homme vint souper la fois suivante, le serveur prit soin de lui apporter un panier de pain. Quand il lui demanda, après le souper, si tout avait été à son goût, l'homme lui répondit, comme toujours, qu'il aimait le pain et qu'il aimerait que le restaurant lui en fournisse plus généreusement.

Après cette remarque, le serveur et le gérant ont « mijoté » un plan pour satisfaire ce client vorace.

La journée où l'homme était attendu, le boulanger fit cuire un énorme pain qui mesurait un mètre de long ! Quand l'homme est arrivé, le serveur et le gérant ont placé le pain entier sur sa table et ont attendu impatiemment sa réaction.

L'homme les regarda d'un air insatisfait et leur dit: « Je vois qu'encore une fois, il n'y a qu'une seule tranche de pain ! »

Il y a des gens à qui il est impossible de faire plaisir et dont la seule satisfaction est d'être d'éternels insatisfaits.

Si vous vous retrouvez en face de Monsieur ou de Madame « Une seule tranche », ne perdez pas votre temps. Rappelez-vous: CO, CN, PI, SUIVANT. Passez au suivant.

Exposez clairement votre but

Avec vos clients potentiels réceptifs, exposez clairement votre but. Par exemple :

« Ce que j'ai l'intention de faire au cours des 25 à 30 minutes qui suivent, Jean-Pierre, est de te parler de ma compagnie, de sa philosophie et des gens qui en font partie.

« Je vais te présenter mes produits et t'inviter à les regarder de plus près, (goûter, essayer, selon la nature des produits). Je vais te parler un peu de la compagnie et de l'occasion d'affaires qu'elle offre. Je te ferai grâce des détails pour t'en donner une petite idée.

« À la fin de cette courte présentation, si tu n'y vois aucun intérêt, Jean-Pierre, je promets de ne plus t'en parler. Si, par contre, le produit et/ou l'occasion d'affaires t'intéresse, je t'expliquerai rapidement comment tu peux soit obtenir les produits, soit joindre la compagnie. Est-ce que ça te convient ? »

Après une telle entrée en matière, votre client potentiel sait exactement à quoi s'attendre. Il peut se détendre et écouter. Il sait aussi ce que vous attendez de lui et n'est pas surpris à la fin de votre présentation quand vous lui demandez s'il veut essayer votre produit ou en savoir davantage sur votre occasion d'affaires.

Je vous donne trois règles très importantes à suivre.

Respectez votre entente

Si vous avez dit à votre client potentiel que votre présentation durerait 25 minutes, respectez cette limite de temps. S'il vous demande de continuer, allez-y ! Mais respectez d'abord et avant tout la durée de votre entretien telle qu'établie au début.

Votre client est intéressé

Prenez pour acquis que votre client potentiel est intéressé par votre occasion d'affaires et qu'il désire en savoir davantage sur votre produit. Sinon, il vous le dira quand vous lui demanderez si « ça lui convient ».

S'il n'a aucun intérêt pour l'occasion d'affaires, axez votre présentation sur le produit et demandez-lui de l'essayer. Souvenez-vous de ce qu'offre votre compagnie : satisfaction garantie ou argent remis. Vous pourrez reparler de l'aspect affaires à une date ultérieure quand votre client potentiel aura eu le temps de goûter les bienfaits de votre produit ou de votre service. Il est sage de laisser la porte ouverte.

La troisième règle est la suivante :

Simple et facile à reproduire

C'est une erreur d'inonder un client potentiel d'une trop grande quantité d'informations. Une présentation efficace s'en tient au minimum. Il faut dire « les bonnes choses aux bonnes personnes ». Moins c'est mieux.

Votre client potentiel décidera si votre occasion d'affaires l'intéresse d'après deux critères : « Est-ce un produit de qualité ? » et « Serai-je capable de faire avec succès ce que cette personne fait présentement ? »

Habituellement, les gens ne sont pas conscients de cette deuxième hésitation mais c'est elle qui a le plus de poids.

Nous *ne* faisons *pas* de vente

Savez-vous que les vendeurs professionnels éprouvent parfois des difficultés à percer dans notre genre de commerce ? Ce n'est pas qu'ils ne savent pas vendre, au contraire, ils savent *trop bien* vendre.

Bien des gens ne se sentent pas l'âme d'un vendeur, alors que d'autres ne veulent pas le devenir. D'autres encore ne s'imaginent pas devenir rapidement experts en une matière. Tout ceci se passe souvent inconsciemment parce que la plupart des gens n'aiment pas avouer qu'ils se croient incapables de faire une chose.

Si votre client potentiel croit qu'il doit se transformer en vendeur ou expert pour souscrire à votre occasion d'affaires, il doutera probablement de ses capacités à réussir et vous dira qu'il n'est pas intéressé, en invoquant une excuse quelconque.

Alors, SIMPLE ET FACILE À REPRODUIRE permet aux gens de se mettre à votre place, de se visualiser en train de faire des présentations efficaces et de réussir en marketing de réseau.

Pour vous aider à faire de telles présentations, utilisez un manuel de présentation.

Votre manuel de présentation

Procurez-vous un cahier à anneaux dans lequel vous insérerez des photos, de la documentation, des graphiques, etc., pour illustrer des faits et expliquer des idées. Il s'agit d'une façon agréable de communiquer des informations sur vos produits et votre occasion d'affaires à vos clients potentiels.

Bien que nous sachions qu'une image vaut mille mots, nous avons quand même trop souvent tendance à utiliser des mots là où une image serait mille fois plus efficace. Vos clients potentiels se verront mieux en train de montrer des photos, leur tour venu, qu'en train d'apprendre beaucoup de mots.

En plus, vous tirerez une grande satisfaction à concevoir votre propre manuel de présentation.

Confection du manuel de présentation

Je vous encourage à réunir vos distributeurs pour créer vos manuels de présentation.

Rassemblez tous vos nouveaux distributeurs ainsi que quelques « anciens ». Vous pouvez soit fournir le matériel ou demander aux autres de l'apporter. Il vous faudra des cahiers à anneaux, des pages d'album de photos autocollantes, des chemises à trois trous en plastique, du papier couleur, des crayons-feutres, des ciseaux, de la colle et des piles de revues.

Les distributeurs établis montrent d'abord leurs manuels et expliquent pourquoi ils utilisent telle photo ou tel graphique. Bientôt, tout le monde donnera son opinion et lancera de nouvelles idées. En un rien de temps, vous serez témoin d'une véritable explosion de créativité.

Dites aux gens de découper des articles, des annonces, des images, des photos, des graphiques tirés de la documentation de la compagnie, de bulletins d'information, de journaux ou de dépliants. Les gens peuvent se créer de très beaux manuels avec tous ces éléments.

Sur la première page du manuel d'une de mes étudiantes, on peut lire : « Le rêve américain réalisé. » Un autre a découpé une photo de signalisation routière inventée pour une publicité où l'on peut lire « N'attendez pas ! » et il l'a collée à côté des avantages offerts par sa compagnie. Une femme qui vend des produits alimentaires a combiné des photos de ses produits à celles de gens heureux et en santé.

Il existe dans les magasins de matériel d'artiste toutes sortes d'articles qui donnent une apparence très professionnelle à votre manuel.

Les possibilités sont illimitées et ces réunions sont très amusantes. Elles donnent lieu à beaucoup de plaisir et d'enthousiasme sans compter que les gens sont toujours très fiers de *leur* manuel.

Étape n° 3 : éveillez le désir de réussir

Donnez de l'information à votre client potentiel de façon à ce qu'il ait le *goût* d'essayer votre produit et de saisir votre occasion d'affaires. Voici comment procéder.

Le marketing de réseau d'abord

Sur la première page de votre manuel de présentation, placez une illustration très positive du marketing de réseau à l'intention de vos clients potentiels intéressés à votre occasion d'affaires.

Vos présentations s'adresseront à trois sortes de personnes.

Le plus petit groupe sera constitué de gens qui connaissent et endossent déjà le marketing de réseau, le deuxième groupe de gens qui n'en connaîtront rien et le troisième groupe, le plus grand, se composera de gens qui ont des idées préconçues sur le marketing de réseau ou ont déjà vécu de mauvaises expériences avec cette industrie. Il vous sera facile d'identifier à quel groupe appartient votre client potentiel parce que vous lui aurez demandé qu'il vous parle de son expérience dans ce domaine au début de votre entretien.

Idéalement, nous aimerions que tout le monde comprenne instantanément que le marketing de réseau est un système de mise en marché légal et très efficace, un système de distribution professionnel et éprouvé qui constitue présentement l'industrie la plus avant-gardiste en Amérique du Nord, et ailleurs dans le monde. C'est un exemple viable de la libre entreprise au sens pur parce qu'elle donne la chance et la liberté à tout le monde de diriger sa propre vie et d'actualiser son potentiel.

Ajoutez à votre manuel de présentation des données et des caractéristiques au sujet de cette industrie qui illustrent ses bienfaits à vos clients potentiels. Parlez-y de projets réalisés par des individus et des compagnies qui sont basés sur le respect de valeurs profondes. Recherchez des publications dignes de foi et des articles positifs sur le marketing de réseau. L'avenir est rayonnant pour notre industrie. L'influx de cadres moyens et supérieurs et l'implication de quelques géants de calibre Fortune 500 ont doté notre industrie de professionnalisme et lui ont prêté l'attention qu'elle mérite.

Les associations internationales

Investissez dans l'avenir du marketing de réseau tout en assurant le vôtre. Renseignez-vous sur votre association commerciale internationale.

À ce jour, il y a deux associations qui représentent notre industrie à l'échelle mondiale : la « Direct Selling Association » (DSA) et la « Multi-Level Marketing International Association » (MLMIA). Toutes deux fournissent des informations, des services et des outils très utiles à tous les individus et à toutes les sociétés qui en sont membres. Si vous désirez obtenir plus d'information sur ces deux organisations, contactez le représentant international MIM de votre région (liste incluse à la fin du présent livre).

De plus, quand vous entendez parler de choses négatives touchant notre industrie, renseignez-vous. Ne laissez pas les « on-dit » dicter votre attitude et forger vos opinions. Tout ce qui arrive, bon ou mauvais, arrive pour des raisons valables ou légales. Seuls les faits on de l'importance. Chaque fois, vous en deviendrez plus professionnel, plus connaissant et mieux préparé. Souvenez-vous de ce que disait le Dr Black : « Les compagnies à paliers multiples ne font pas faillite à cause du principe des paliers multiples, mais bien parce que les gens impliqués n'appliquent pas le principe avec honnêteté et excellence. Alors, faites confiance au principe des paliers multiples, assurez-vous de l'appliquer avec honnêteté et n'acceptez rien de moins que l'excellence. »*

Une dernière suggestion : sur une page, à la fin de votre manuel, décrivez la différence entre les pyramides illégales et les compagnies légitimes de marketing de réseau. Vous pouvez dresser deux colonnes et comparer ces deux formes distinctes d'activité commerciale. Les paroles du docteur Black dans « Votre introduction » vous donneront de bonnes idées.

---

* « The MLM Simple Success Guide » par K. Dean Black, Ph.D. (Brerie Enterprises, Springville, Utah, États-Unis), p. 1-5.

Est-ce que c'est une pyramide ?

Une pyramide est une loterie illégale dans laquelle les participants sont payés pour recruter d'autres participants. Le marketing de réseau est du *marketing* par l'intermédiaire d'un *réseau* de personnes.

Le terme marketing signifie qu'un produit est passé du manufacturier aux consommateurs et la seule façon de faire de l'argent en marketing de réseau est de vendre des produits ou des services aux consommateurs. Les distributeurs du marketing de réseau ne devraient jamais être payés pour parrainer des gens.

La première partie de votre manuel de présentation est très importante. Si vous n'établissez pas la crédibilité du marketing de réseau *dès le départ*, vous ferez peut-être une présentation complète à quelqu'un qui a déterminé d'avance de vous dire non, quelle que soit l'offre que vous lui faites. C'est pour cette raison que vous lui avez demandé à prime abord ce qu'il pense du marketing de réseau et comment il envisage l'idée de mettre sur pied sa propre entreprise.

Si vous abordez la question de ses intérêts d'entrée de jeu, votre client potentiel sera plus ouvert au reste de votre présentation. Quand il verra combien votre industrie est enthousiasmante et combien elle comporte de possibilités d'expansion, il sera encore plus ouvert.

Vous pouvez consulter aussi le livre *« Winning The Greatest Game of All : Network Marketing (Gagner au plus grand des jeux : le marketing de réseau)* écrit par Randy Ward. L'auteur y explique clairement la philosophie de cette industrie en insistant sur la contribution et le service aux autres, deux concepts qui constituent le moteur du marketing de réseau. Tous ceux qui lisent le présent livre comprennent mieux que notre industrie vise d'abord les gens.

La compagnie

La plus grande question que votre client potentiel se pose est: «*Cette compagnie est-elle digne de confiance, est-elle professionnelle ?*» En deux ou trois minutes, vous pouvez établir cette crédibilité *et bien d'autres choses encore* en utilisant l'impact des images.

Par exemple, toute compagnie qui se respecte fournit de la documentation où l'on retrouve des photos de ses dirigeants. Habituellement, cette documentation décrit brièvement l'expérience de cette compagnie, sa philosophie ou sa mission, et comprend une ou plusieurs photos du siège social. Incluez cette documentation dans votre manuel.

Vous pouvez utiliser des crayons de différentes couleurs pour en souligner des points importants, les montrer à votre client potentiel et les lire à haute voix afin qu'il saisisse bien le message.

Si votre compagnie existe depuis un certain nombre d'années, insérez un graphique qui illustre son taux de croissance annuel.

Des photos de vous-même

Imaginez que votre manuel renferme une photo de vous serrant la main des cadres de votre compagnie. Ces gens sont souvent présents à des fonctions sociales ou à des sessions de formation. La prochaine fois que vous vous trouverez en leur présence, prêtez votre caméra à quelqu'un pour qu'il prenne une photo de vous en leur compagnie. Ceci démontrera à votre client potentiel que vous prenez votre travail au sérieux et que votre compagnie vous tient en estime. Ces photos auront un fort impact.

Les produits

N'oubliez pas de souligner les bienfaits de vos produits ou de vos services dans votre manuel et d'en parler à votre client potentiel.

C'est le temps de présenter vos produits à votre contact. Le cas échéant, demandez-lui d'y goûter ou d'y toucher, de les regarder ou sentir. Faites appel aux sens de votre client potentiel.

Ce n'est pas le moment de demander à votre client potentiel de lire le document sur vos produits. Pour l'instant, conservez son attention sur vous-même, sur votre manuel de présentation et surtout sur vos produits. Préservez-le de toute distraction. Vous pourrez lui remettre la documentation plus tard.

Des bienfaits, des bienfaits, des bienfaits

Il est très important que vous concentriez vos efforts sur les bienfaits que procurent vos produits. Évitez les faits et les chiffres. Quatre-vingt-quinze pour cent des gens à qui vous parlerez voudront savoir ce que le produit peut *leur apporter*. La meilleure façon de leur montrer est de leur dire ce que le produit vous a apporté à vous comme à d'autres.

L'an dernier, il s'est vendu aux États-Unis 2,8 millions de mèches de perceuse d'un centimètre de diamètre. Les gens qui les ont achetées n'en avaient que faire de ces chiffres. Ce qu'ils voulaient réellement, c'était de *percer des trous de un centimètre !* C'est-à-dire qu'ils désiraient obtenir les bienfaits de la mèche. Il ne vous est donc pas nécessaire de devenir expert en produits mais de bien en connaître les bienfaits. Alors, restez-en à ceci : SIMPLICITÉ ET FACILITÉ DE DUPLICATION.

Le plan

Parlons maintenant de votre plan de rémunération. Ici encore, nous avons la fâcheuse habitude de donner trop de détails. Faites attention !

En préparant votre manuel, illustrez les grandes lignes de votre plan. Montrez comment et quand votre client potentiel gagnera de l'argent et ce qu'il peut espérer accomplir d'ici un, deux ou trois ans.

J'ai le privilège de travailler avec des milliers de personnes qui gagnent leur vie avec le marketing de réseau à travers le monde. Certaines d'entre elles sont parmi les mieux payées de leur compagnie. Je dirais que la moitié d'entre elles ne comprend pas complètement le plan de rémunération *et ne s'en soucie absolument pas !*

Voici où je veux en venir. Montrez à votre client potentiel un graphique qui illustre bien le plan de rémunération et expliquez-lui comment devenir distributeur, puis passez en revue le matériel qui est fourni au nouveau distributeur. Parlez-lui des avantages liés au fait d'être à la tête d'un réseau de distributeurs.

Évitez les détails, surtout les pourcentages, les exigences de qualification et les commandes minimales. Dites à votre client potentiel que tous ces détails sont couverts dans le programme de formation. Donnez-lui juste assez d'information pour qu'il puisse faire un choix éclairé. Les gens veulent simplement savoir si le plan de rémunération fonctionne, et non pas comment il fonctionne ! Incluez dans votre manuel de présentation des exemples de distributeurs qui ont réussi.

Si vous faites une présentation à un distributeur expérimenté, il se peut qu'il vous demande de lui expliquer quelques détails. Répondez-lui clairement et enchaînez avec votre présentation.

Soutien et formation

La section suivante de votre manuel devrait illustrer le soutien que vous et votre compagnie offrez à votre lignée.

Énumérez les programmes et les sessions de formation, les soirées d'information tenues dans votre quartier et le matériel de vente et de soutien fourni par votre compagnie, sans toutefois entrer dans tous les détails.

Dites à votre client potentiel à quel point la formation est bien conçue et agréable, combien la documentation sur les produits et sur le plan de rémunération est précise et facile à comprendre. Mentionnez à quel point les gens de votre groupe sont gentils et combien vous avez du plaisir en leur compagnie. Dites-lui que vous avez compris rapidement les principes du marketing de réseau et qu'il pourra en faire de même avec votre appui et l'attention que vous lui accorderez. Partagez continuellement votre succès et le succès de vos amis avec votre client potentiel. C'est ce qu'il y a de plus contagieux.

Ajoutez à votre manuel de présentation des photos de gens qui vous précèdent dans votre lignée et qui ont réussi : votre parrain et son parrain. Insérez des photos de vous avec eux afin que votre client potentiel voit que votre lignée ascendante vous soutient et vous encourage, et que ces gens feront de même pour lui. Ces photos démontreront à votre client potentiel que ce sont des gens comme lui qui font de ce programme une réussite.

Envoyez des…

Ne serait-ce pas merveilleux si, quelques jours après avoir joint votre organisation, votre client potentiel recevait un appel ou une note de votre parrain dont il a vu la photo dans votre manuel, lui souhaitant la bienvenue dans le réseau et lui offrant son appui ? Quelle bonne première impression !

Étape n° 4 : offrez le choix

Votre client potentiel est prêt à prendre une décision. Expliquez-lui alors quelles sont les possibilités qui s'offrent à lui afin qu'il fasse un choix. Exposez les choix possibles de façon précise et réaliste.

« Tu vois maintenant, Robert, pourquoi je suis si enthousiaste à propos de cette organisation, de ces produits et de cette belle occasion d'affaires. Dis-moi, si tu décidais de t'y joindre aujourd'hui même, comment voudrais-tu commencer ? Désirerais-tu utiliser les produits et jouir de leurs bienfaits d'abord ? Ou préférerais-tu saisir l'occasion de mettre sur pied ta propre entreprise ? Qu'est-ce qui te sourit le plus, Robert ? »

S'il se voit utiliser les produits et profiter de leurs bienfaits d'abord, bravo ! Aidez-lui à démarrer le processus d'achat et rappelez-lui la garantie de satisfaction ou argent remis.

S'il est très content de l'occasion d'affaires et qu'il se voit déjà mettre sur pied sa propre entreprise, encore bravo ! Demandez-lui quels produits l'intéressent et vendez-les lui au prix de détail pour qu'il devienne immédiatement un client de vente au détail. Les ventes au détail sont importantes pour plusieurs raisons.

Premièrement, une vente au détail rattache une valeur aux produits sans oublier que cela enseigne à votre client potentiel comment aborder ses propres futurs clients.

La commission sur cette vente au détail vous paie pour le temps investi à faire la présentation. Si tout le monde de votre réseau enregistre une vente au détail au moment d'une présentation, le volume mensuel de ventes augmentera ainsi que les commissions qui leur sont associées ! Cela démontre à votre client potentiel que les ventes au détail génèreront un revenu pour lui aussi.

Un point important

Un point sur lequel je n'insisterai jamais assez :

Ne prenez pas l'habitude de vendre à vos nouveaux clients au prix de gros au départ.

La possibilité d'acheter au prix de gros est réellement un privilège. Si vous vendez tout de suite au prix de gros à votre client potentiel, il en fera de même avec ses nouveaux clients et il perdra ainsi une importante source de revenus. N'oubliez pas non plus que la vente au détail augmente de façon substantielle le produit du distributeur. Si les distributeurs n'insistent pas sur les ventes au détail, ils n'actualiseront jamais leur plein potentiel.

La vente en gros est une des raisons pour lesquelles les nouveaux distributeurs perdent souvent intérêt. Faire une présentation et une vente au détail *en même temps* est une clé importante du succès de votre nouveau distributeur. Expliquez-lui que lorsqu'il aura expédié sa demande d'adhésion, il pourra obtenir les produits au prix de gros. Il sera motivé à la remplir rapidement. Mieux encore, aidez-lui à remplir sa demande et offrez de la poster pour lui.

Étape nº 5 : « Vous avez fait un bon choix »

Il est très important de rassurer votre contact qu'il a fait un bon choix, qu'il aie acheté vos produits ou qu'il aie joint votre organisation.

Répétez les compliments que vous lui avez faits au début et dites-lui qu'il est quelqu'un qui vous tient à cœur. Rappelez-lui que vous serez là pour l'appuyer et que vous vous assurerez que sa relation avec vous et avec votre compagnie sera fructueuse.

Reprenez contact avec lui dans les jours suivants, soit par téléphone, soit en lui expédiant une petite note.

Voici une petite anecdote qui illustre bien ce point. Il y a à San Diego, en Californie, un magasin de vêtements pour hommes que j'aime beaucoup. J'y trouve toujours une grande variété de vêtements sport européens. J'adore les vêtements et j'adore magasiner. Quand j'entre dans ce magasin, je deviens possédé et j'y dépense toujours entre 500 $ et 1 500 $. En y réfléchissant par la suite, le doute m'assaille inévitablement et j'ai des remords de conscience ! Quelques jours plus tard, je reçois une petite carte du propriétaire du magasin dans laquelle il me dit qu'il était heureux de me revoir, qu'il m'apprécie, que je suis toujours bien mis et que les gens remarqueront mon élégance. Après avoir lu le petit message, je suis toujours content de mes choix et je me sens bien.

Voyez-vous à quel point cette petite attention professionnelle peut éliminer les remords de votre nouveau client ou distributeur ?

Je vous mets au défi de devenir un maître de la présentation

Je vous mets personnellement au défi de devenir maître dans l'art de la présentation. Je vais même vous dire comment faire : enregistrez vos présentations.

Dites à votre client potentiel que vous voulez enregistrer votre présentation afin de l'améliorer et demandez-lui si cela le dérange. Il est rare que les gens s'y opposent. Cela démontre à votre client potentiel que vous prenez votre commerce au sérieux et encouragera ce dernier à prendre une part plus active à votre présentation.

Quand vous aurez enregistré votre présentation, écoutez-la à plusieurs reprises et voyez de quelles façons vous pouvez améliorer vos techniques de communication ou exprimer certaines choses plus clairement.

Une des choses importantes que vous pouvez faire, en écoutant l'enregistrement de votre présentation, est de compter le nombre de questions que vous avez posées à votre client potentiel. Trouvez des moyens de lui poser encore plus de questions de qualité. Demandez-vous sans cesse comment améliorer votre présentation.

Écoutez votre première présentation pendant deux semaines et trouvez des moyens de l'améliorer. Ensuite, enregistrez votre présentation suivante et comparez les deux performances. Continuez d'enregistrer une nouvelle présentation toutes les deux semaines pendant 60 ou 90 jours et je vous promets qu'à la fin de cette période, vos présentations seront dix fois meilleures qu'au début. Vous aurez maîtrisé l'art de faire des présentations efficaces.

Êtes-vous d'accord ?

Dans le chapitre suivant, nous étudierons le processus de prise de décision. Nous examinerons une méthode pour poser des questions et trouver des réponses qui vous permettront, à vous et votre client potentiel, de faire les choix qui conviennent le mieux.

Cela vous semble compliqué ?

Pourtant, vos présentations ne prendront pas plus de 20 ou 25 minutes. Non, non, ne soyez pas surpris. *Expliquer* comment faire une présentation exige beaucoup plus de temps que la présentation elle-même.

Est-ce que tout ceci vous enthousiasme ? Voyez-vous la puissance que cela vous donne, à vous et à vos nouveaux distributeurs ? Et ce n'est pas tout, ça devient encore meilleur.

Le chapitre suivant traite des objections.

Chapitre 7

Les objections

Voyons si nous pouvons sortir vainqueur du labyrinthe d'objections qui entoure le marketing de réseau. En fait, les « objections » ne sont que des « opportunités masquées». Elles constituent des occasions de démystifier des conceptions erronées, d'éliminer les résistances et de diminuer le doute. Ainsi, de façon détournée, elles aident à cimenter la relation entre vous et votre client potentiel et augmente vos chances d'atteindre un résultat positif. Êtes-vous prêt ?

Sachez d'abord qu'une objection peut se présenter n'importe quand: au début, pendant ou après votre présentation; quand vous prenez rendez-vous, à une réunion, au moment d'un suivi ; bref, n'importe où, n'importe quand.

Soyez un bon scout

La clé pour régler les objections de façon efficace est d'être, tel un scout, « Toujours prêt ».

Il n'y a rien de plus dévastateur pour un nouveau distributeur que d'être confronté à une objection à laquelle il ne sait pas répondre. C'est pourquoi il est si important que vous formiez vos nouveaux distributeurs avant qu'ils ne se retrouvent seuls sur le terrain. Cette responsabilité vous incombe en tant que parrain.

L'esprit d'équipe

C'est une bonne idée d'aider votre nouveau distributeur à faire ses premières présentations. Emmenez-le aux vôtres afin qu'il voie comment s'y prendre. Nous en reparlerons plus en détail au chapitre 11 : la duplication.

Accompagnez votre nouveau distributeur dans ses premières présentations. Suggérez-lui d'expliquer à son client potentiel qu'il vient tout juste de démarrer son entreprise et que vous, son parrain, êtes là pour l'appuyer, lui enseigner et pour répondre à des questions. Cet esprit « d'équipe » est une excellente façon de former vos nouveaux distributeurs et de vous assurer qu'ils réussissent leurs premières ventes au détail et leur premier parrainage.

Parfois, un nouveau distributeur est gêné de vous inviter à sa présentation de peur que cela révèle une « faiblesse » chez lui. En fait, cela suscite plutôt l'admiration et le respect pour son honnêteté et son intégrité, et provoque un désir chez le client potentiel d'aider et d'encourager ce nouveau distributeur.

Les gens désirent réellement que le nouveau distributeur connaisse du succès. C'est naturel. Son honnêteté donnera tout de suite lieu à un ton détenu et ouvert, compréhensif et réceptif à la présentation. Cela confère aussi un statut d'expert au parrain. Et c'est une bonne chose !

Être bien préparé est une des clés de notre succès dans ce commerce, surtout quand il s'agit des objections.

Des opportunités ou des obstacles ?

Les objections sont des opportunités masquées.

Pour un nouveau distributeur, une objection est un obstacle; pour un distributeur expérimenté, c'est un tremplin. Non parce que c'est un « défi à relever » mais parce qu'une objection ouvre la porte à une multitude de *possibilités* de compréhension mutuelle.

Elle vous offre une chance additionnelle de communiquer votre enthousiasme… et votre message à votre client potentiel.

J'invite les gens à interpréter les objections comme des questions camouflées.

Voilà pourquoi je ne leur enseigne pas à « triompher » d'une objection, mais plutôt à répondre aux questions. Quand une objection se présente, c'est que votre client potentiel n'a pas encore tous les renseignements nécessaires pour faire un choix éclairé. *Les objections ne signifient pas que le client potentiel rejette le nouveau distributeur.*

Parfois les objections servent à retarder une décision.

Ici encore, l'objection naît d'une incertitude ou d'une question restée sans réponse. Peut-être que le client potentiel n'est pas conscient de sa question. C'est votre tâche de la dévoiler, d'aider votre client potentiel à mettre le doigt sur le problème et ensuite de le traiter.

Les six étapes du succès

Ces étapes sont à la portée de tout le monde et s'appliquent à n'importe quel domaine et à n'importe quelle industrie. Je le sais parce qu'il y a plus de dix ans, avant de joindre le marketing de réseau, j'utilisais ces étapes dans le domaine médical où elles s'avéraient tout aussi efficaces.

L'efficacité de ce système réside dans sa globalité. Vous pouvez l'utiliser pour déceler les questions que cachent les objections, pour les révéler au grand jour sans créer de « charge » émotive et pour y répondre honnêtement, de façon à ce que votre client potentiel comprenne et se sente rassuré par la réponse.

Cela ne signifie pas qu'avec ce système, tous vos clients potentiels achèteront vos produits ou joindront votre commerce.

Cependant, ce système vous assure que vous serez toujours bien avec vous-même et avec votre client potentiel et que vous aurez fait de votre mieux dans toutes les situations. Qu'importe la réponse de votre client potentiel, vous serez en situation gagnante, vous vous sentirez fort et vous vous dirigerez toujours vers le succès.

Voici les six étapes. Souvenez-vous, une objection n'est qu'une question déguisée.

Étape n° 1 : Écoutez comme jamais auparavant

(Vous vous attendiez à ça, n'est-ce pas ?) Ouvrez grand vos oreilles et écoutez *attentivement* les questions de votre client potentiel. Ne l'interrompez jamais et ne prenez jamais pour acquis que vous savez ce qu'il va dire.

Avez-vous déjà côtoyé quelqu'un qui termine vos phrases pour vous ou qui répond à vos questions avant même que vous n'ayez pu les formuler ? C'est désagréable, n'est-ce pas ? Même si l'autre devine juste, vous vous sentez diminué ou frustré. Quel manque de courtoisie !

Voici une anecdote pour souligner ce point.

L'histoire de Billy

Il y a plus de dix ans, à San Diego, j'avais un ami qui s'appelait Billy. Il était extrêmement gentil. Nous faisions partie de la même équipe de balle molle. Malheureusement, il avait très peu confiance en lui. Il était ébéniste et, bien qu'il n'aimait pas son travail, il persévérait car il gagnait bien sa vie.

Un jour, après un match, je racontais que j'arrivais d'Atlanta, dans l'État de Georgie. Billy vint me voir et me dit : « John, la prochaine fois que tu iras à Atlanta, est-ce que je pourrais t'accompagner ? »

J'étais sidéré ! Billy n'était jamais allé nulle part, il était timide, retranché, et convaincu qu'il ne savait rien faire. Sa requête me prit complètement par surprise et elle m'enchanta.

Je lui répondis : « Billy, je retourne à Atlanta dans 46 jours. Voici mes heures de vol. Si tu achètes un billet sur le même vol, nous irons ensemble à Atlanta, et là-bas, tout sera à mes frais. » C'était à son tour d'être sidéré. Je n'oublierai jamais l'expression sur son visage ce jour-là !

Pendant des semaines, Billy ne parlait que de son voyage à Atlanta et des jolies filles qu'il verrait là-bas.

Le jour du départ arriva enfin et nous nous sommes envolés vers Atlanta. Dans la soirée, je lui ai fait visiter la ville.

Pendant que nous marchions, Billy prit soudainement mon bras et me dit : « John, as-tu vu ? As-tu vu ? » Je lui répondis en écarquillant les yeux : « Non, qu'y a-t-il ? » Il dit : « Quelle jolie fille ! » Et je lui dis : « Ah, oui, je l'ai vue » et nous avons continué notre promenade.

Quelques minutes plus tard, Billy prit mon bras de nouveau et me dit : « John, as-tu vu ? As-tu vu ? » Je lui répondis : « Non, qu'y a-t-il ? » et il dit : « Quelle jolie fille ! »

C'est arrivé plusieurs fois et chaque fois il s'exclamait : « Quelle jolie fille ! »

Encore une fois, il prit mon bras soudainement et me dit « John, as-tu vu ? As-tu vu ? » Il commençait à m'ennuyer alors je lui répondis : « Oui, oui, j'ai vu », sans regarder, pour lui faire plaisir. Il me regarda étonné et me dit :

« Alors pourquoi as-tu mis les pieds dedans ? »

Après ce jour, je n'ai plus jamais pris pour acquis que je savais d'avance ce que les gens me diraient !

Étape nº 2 : Jouez au détective

Percez le déguisement d'une objection et découvrez la vraie question de votre client potentiel.

Par exemple, l'objection suivante est courante : « Ah oui, c'est une de ces pyramides dont j'ai déjà entendu parler. » Malheureusement, c'est ici que souvent nous plaçons sur la défensive et nous essayons de défendre l'industrie au complet. Quelle vraie question cache cette objection ? En fait, votre client potentiel veut simplement savoir si votre commerce est légal.

Quelle question cache l'objection suivante : « Je n'ai vraiment pas le temps de faire ça. » Serait-ce : « Est-ce que je peux avoir du succès dans ce commerce en y accordant le peu de temps qui m'est disponible ? »

Voici un indice : les objections semblent toujours exprimer des faits établis *quand, en fait, elles sont des questions.* Il y a un moyen facile de démasquer ces questions cachées. Ajoutez à l'objection de votre client potentiel : « Est-ce vrai ? » Vous pourrez ensuite répondre à cette question pour lui. Et la meilleure façon d'y arriver est de passer à l'étape suivante.

Étape nº 3 : Reconnaissez la validité de l'objection

Demandez ensuite plus de détails si c'est nécessaire.

Essayez ceci :

« Je comprends ce que tu me dis, Christian. » Et maintenant, quelque chose de très important : n'enchaînez pas avec le mot « MAIS » pour le contredire. Appréciez ce que la personne dit et arrêtez-vous un instant. Si *vous* ne comprenez pas, ou si vous n'êtes pas certain que *l'autre* comprend, demandez qu'il vous explique.

« Christian, je ne suis pas certain de bien comprendre. Pourrais-tu m'expliquer d'une autre façon ? » Ou simplement : « Peux-tu m'en parler un peu plus ? »

Vous mettez ainsi votre client potentiel à l'aise. La conversation prend l'allure d'une enquête dans laquelle vous cherchez conjointement la vérité. Ceci ne ressemble en rien à « désamorcer une objection ».

Étape nº 4 : Répondez

De préférence, en racontant une histoire.

Évitez les réponses intellectuelles, basées sur des faits. Même si votre réponse est excellente, même si vous avez totalement raison, vous ne ferez que discréditer votre client potentiel et, du même coup, vous enlèverez du poids à ses paroles. En racontant une histoire, comme lorsque vous exposez les bienfaits de votre produit, vous n'êtes pas menaçant et vous rejoignez votre client potentiel autant au niveau émotionnel qu'intellectuel. Souvenez-vous : vos réponses devraient être logiques *et* satisfaire les émotions.

La plupart des objections à l'endroit de cette industrie sont connues. Quand vous connaîtrez les « objections » les plus courantes et que vous les traiterez comme des questions masquées, elles deviendront des occasions déguisées. Avant la fin de ce chapitre, nous apprendrons à utiliser la *feuille de travail des objections* pour vous aider à maîtriser l'art d'y répondre.

Pour répondre à la plupart des objections (questions), j'aime utiliser l'approche *sent, senti, découvert*. Par exemple, pour répondre à la question « temps », reconnaissez d'abord que vous comprenez comment votre client potentiel se *sent*. Développez ensuite une relation de confiance avec lui en partageant à quel point vous vous êtes *senti* comme lui dans le passé. Révélez-lui ensuite que vous avez *découvert* comment ça se passe réellement, *d'après votre propre expérience.*

« Je sais exactement ce que tu *ressens*, Christian. Le temps est précieux, n'est-ce pas ? J'ai moi-même *senti* que j'aurais de la difficulté à trouver du temps à consacrer à cette entreprise. Mais j'ai *découvert*, à ma grande surprise, que ce genre de commerce est tellement flexible qu'au début je pouvais y consacrer le peu de temps dont je disposais et quand même atteindre mes buts. Tu sais ce qui s'est passé après quelques mois ? J'ai eu tellement de plaisir et j'ai reçu tellement d'aide que j'avais plus de succès chaque semaine. Alors, j'ai commencé à consacrer plus de temps au marketing de réseau. Aujourd'hui, j'ai la chance de travailler de la maison, ce qui me permet de passer plus de temps avec mes enfants et de jouer au golf deux fois par semaine, au lieu d'une seule et... »

C'est aussi simple que ça !

En passant, *ne mentez jamais* car vous vous ferez éventuellement prendre à ce jeu. De plus, vous dépenserez beaucoup d'énergie à vous rappeler ce que vous avez dit à qui et à continuer à mentir lors de votre prochaine rencontre. Cela n'en vaut pas la peine. Même une courte anecdote, si elle est vraie, a un grand pouvoir de conviction. Essayez !

Étape n° 5 : Assurez-vous de bien vous faire comprendre

Vérifiez si votre interlocuteur a entendu et compris ce que vous « croyez » avoir dit.

« Est-ce que tu comprends bien, Christian ? » ou « Est-ce que tu vois comment ça pourrait t'arriver ? » ou « Est-ce que ça correspond à tes besoins ? »

Ne prenez rien pour acquis. Souvenez-vous de l'histoire de Billy, vous ne voulez pas « mettre les pieds dedans » ! Assurez-vous que votre client potentiel est d'accord à chaque étape et la dernière sera « du gâteau » !

Étape n° 6 : Offrez le choix

Présentez différentes façons de commencer le commerce.

Vous passez à cette étape uniquement si vous avez découvert et répondu à toutes les questions cachées. S'il reste quelque doute ou « objection », retournez à l'étape 1 et repassez par toutes les étapes pour chacune des objections. N'ayez pas peur de répéter ce processus autant de fois qu'il le faut pour être certain que le moment est venu pour votre contact de prendre une décision.

Quand vous êtes rendu à l'étape de la décision, *offrez le choix*.

Quand votre client potentiel est satisfait de vos réponses (étape n° 5), la décision suit d'elle-même. Il ne vous reste alors qu'à poser à votre client une question (étape n° 6) qui amènera votre présentation à sa conclusion.

Par exemple, si Christian vous a fait part de son manque de temps et que vous lui avez répondu avec l'approche *sent, senti, découvert* et qu'il est d'accord avec votre exposé, vous pourriez lui dire :

> « Je suis très content, Christian. Il y a plusieurs façons dont tu pourrais débuter. Tu pourrais te procurer certains des produits et les essayer pendant quelques semaines pour en sentir toi-même les bienfaits. N'oublie pas la garantie de satisfaction ou argent remis, sans condition.
>
> « Si tu veux saisir cette merveilleuse occasion d'affaires, nous pouvons remplir ta convention de distributeur tout de suite. Aussitôt qu'elle aura été traitée par la compagnie, tu pourras commander tes produits directement et obtenir le rabais de distributeur. En attendant, nous pouvons commencer à mettre ton entreprise sur pied. Quelle est la meilleure façon pour toi de commencer, Christian ? »

Il est primordial, quand vous encouragez votre client potentiel à prendre une décision, soit pour acheter des produits, soit pour devenir distributeur ou encore l'accompagner à une première réunion, que vous lui présentiez deux choix ou plus : le jour et l'heure, les choses à faire, n'importe quoi, mais présentez-en toujours deux ou plus.

Avoir le choix est un cadeau

Je veux que vous compreniez bien une chose : *offrir des choix à votre client potentiel c'est lui rendre un grand service.*

La décision finale requiert d'abord d'avoir complété toutes les étapes de votre présentation : poser les questions, partager l'information et les anecdotes, discuter des bienfaits des produits, les appuyer avec des caractéristiques, etc. L'étape finale consiste à donner *le choix* à votre client potentiel. C'est à cette étape-là que votre client potentiel doit prendre une décision.

Prendre une décision est très difficile pour certaines personnes parce qu'elles voient cela comme un processus complexe et lourd, hors de leur portée.

Mais faire un choix est simple parce que les possibilités sont moins énormes. Si vous leur offrez un choix, vous pouvez les aider à analyser chaque option et les encourager à choisir entre deux choses positives. S'ils sont d'accord avec vous depuis le début, leurs choix sont : essayer les produits, devenir distributeur ou les deux. Quand vous arrivez à cette étape finale, la réponse n'est pas oui ou non, la réponse est *oui*. Votre client potentiel n'a qu'à choisir entre deux *oui!*

Ou bien une autre objection ?

Traiter une nouvelle objection comme toutes les autres. Retournez à l'étape n° 1 et cheminez vers l'étape n° 6 jusqu'à ce que vous obteniez un « oui » ou un « non ».

Et si on me dit « non » ?

Pour moi, quelqu'un dit « oui » tant qu'il n'a pas dit « non » clairement.

Si mon client potentiel soulève encore des objections, ce n'est pas un « non ». Ce sont des questions. Un « non » est une réponse directe, et je respecte toujours un « non », même si je ne suis pas du tout d'accord.

« Cela ne m'intéresse pas », « Cela ne me convient pas ». « Je te souhaite beaucoup de succès mais ce n'est pas ça que je veux faire », ce sont des « non » fermes.

Que faire alors ? Acceptez ces « non ». Remerciez votre client potentiel, laissez la porte ouverte *et passez à un autre « oui »*.

J'ai utilisé un exemple de présentation pour illustrer les six étapes, mais elles s'appliquent à toutes les situations, telles que prendre un rendez-vous, faire un suivi, etc.

La feuille de travail des objections

La feuille de travail des objections est très utile pour apprendre à votre groupe à répondre aux objections (vous en trouverez un exemplaire au chapitre 10).

Vous pouvez imprimer la liste des objections que vous affrontez le plus fréquemment et vous pouvez apprendre à y répondre en jouant des rôles. En effet, nos distributeurs peuvent tenter de découvrir quelle question cache chaque objection et passer à travers les six étapes pour chaque question. Demandez-leur ensuite de partager leurs trouvailles avec le groupe.

De 90 à 95 p. cent des « objections » sont les mêmes auxquelles ont déjà répondu des centaines, voire des milliers de distributeurs. Vous en aurez peut-être quelques-unes qui sont particulières à votre produit ou à votre occasion d'affaires, mais habituellement, ce sont les mêmes qui reviennent tout le temps.

La préparation est la clé du succès. C'est pourquoi votre formation devrait comprendre une feuille de travail et une session sur les objections parce qu'il vous incombe d'enseigner à vos distributeurs comment répondre aux questions cachées. Rappelez-vous « qu'un gramme de prévention (c'est-à-dire de préparation) vaut un kilo de guérison ».

La préparation pour éviter le rejet

Le rejet est l'aspect le plus dévastateur de notre commerce. C'est d'autant plus navrant car il n'est pas nécessaire !

Selon vous, qu'est-ce qui pèse plus lourd dans la balance, la préparation ou le rejet ? Selon moi, c'est la préparation parce que c'est cce qui fonctionne pour moi, *encore et toujours.*

Peu importe quel aspect du marketing de réseau nous explorons, la clé du succès est de se préparer adéquatement. Transformer une objection en une demande d'information ou découvrir la question qui cache une objection sont des manières d'être bien préparé.

Si les Paul et Paulette Peut-Être se préparent en espérant, les Alain et Alice Accomplissements se préparent en se renseignant sur les principes éprouvés du succès et en les pratiquant jusqu'à ce qu'ils les maîtrisent.

Le remue-méninges de réseau crée des maîtres dans l'art de la formation

Le *remue-méninges* est une très bonne façon d'*informer, d'inspirer et d'impliquer* les gens de votre réseau et de préparer une session sur les objectifs ou sur tout autre aspect de votre commerce. Voici comment faire.

Suivez une formation

Que ce soit dans le cadre d'une réunion intime chez quelqu'un ou lors d'une formation en bonne et due forme dans un hôtel du centre-ville, vous pouvez soulever instantanément beaucoup d'enthousiasme et de créativité et favoriser l'apprentissage avec une session de *remue-méninges.*

Prenons l'exemple de « répondre aux objections ».

En tant qu'animateur, vous faites la mise en situation. Vous expliquez ce qu'il faut faire et les règles à suivre. Ici, le but est d'énumérer le plus d'objections possible. Alors, une seule règle prévaut : il n'y a pas de « mauvaises objections ». Tout le monde a raison et toutes les objections sont notées sur une grande feuille affichée en avant de la salle.

Demandez : « Maintenant, donnez-moi l'objection la plus difficile à laquelle vous avez été confrontée ou que vous puissiez imaginer. » Vous pouvez continuer à entraîner le groupe dans différentes idées : « Très bien. Maintenant, donnez-moi l'objection la plus ridicule que vous ayez jamais entendue… la plus mélodramatique… la plus drôle… », etc.

Quand une page est pleine, épinglez-la au mur où tout le monde peut la voir et continuez sur la feuille suivante.

Quand vous sentez que l'énergie commence à diminuer pour un sujet, arrêtez-vous. Dites aux participants de ne rien écrire car ils pourront tout copier plus tard.

Le palmarès des dix meilleures objections

Demandez maintenant aux participants de sélectionner les objections les plus fréquentes. Essayez d'en obtenir une dizaine et transcrivez-les sur une nouvelle feuille, en prenant soin de laisser quelques centimètres entre chacune pour y ajouter des notes par la suite. Demandez aux participants de les transcrire sur leur « feuille de travail des objections » (vous trouverez un exemplaire de la feuille de travail des objections au chapitre 10).

Demandez ensuite au groupe de découvrir la question que cache chaque objection. Assurez-vous que le groupe demeure concentré et guidez-le à chaque étape. Quand vous obtenez un consensus, écrivez la question cachée directement au-dessous de l'objection et suggérez aux participants de la noter sur leur feuille de travail.

Quand vous aurez identifié les dix principales objections, demandez au groupe s'il y a d'autres objections de la liste originale qui leur causent des difficultés. Abordez-les si vous avez suffisamment de temps.

Répondez aux questions

Quand vous avez trouvé la question cachée par chacune des dix principales objections, demandez au groupe de répondre à ces questions.

Encore une fois, vous pouvez avoir recours au *remue-méninges* pour répondre à ces questions, ou diviser le groupe en équipes de trois à cinq personnes qui trouvent chacune leurs réponses, ou encore vous formez des paires qui jouent un jeu questions-réponses.

Quand vous divisez le groupe en équipes ou en paires, c'est une bonne idée de demander par la suite à quelques personnes de partager leurs meilleures réponses avec le groupe élargi.

Vérifiez aussi comment elles se sont senties face à cet exercice. Ceci leur donnera la chance d'approfondir leur expérience de travail de groupe et elles reconnaîtront le mérite de chacun. C'est une belle expérience.

Alors, qu'avez-vous fait ?

1. Vous avez créé un réseau ! Vous pouvez sentir le pouls de l'énergie créatrice dans la pièce. Cela ne manque *jamais*.

2. Tout le monde (il peut y avoir une ou deux exceptions dans un grand groupe, mais pas toujours) est à l'aise avec la feuille de travail des objections, parce que les gens l'ont rédigée eux-mêmes.

3. Ils ont intégré le concept parce qu'*ils y ont pensé eux-mêmes*, ce qui est très différent de se le faire dire par quelqu'un.

4. Ils sont *informés* (les objections, questions et réponses), ils sont *impliqués* (ils ont tous participé au processus) et ils sont *inspirés* (ils ont vu que leur réseau est puissant, créatif et agréable).

5. Tout distributeur, même assez nouveau, qui est enthousiaste et plein d'énergie peut diriger cet exercice. C'est un autre exemple de personnes qui maîtrisent leur matière en l'apprenant aux autres. C'est ça *actualiser son potentiel.*

De quelle autre façon pouvez-vous mettre le *remue-méninges* à profit dans votre réseau ? Pourquoi ne pas faire une session de *remue-méninges* sur cette question-là ?

Chapitre suivant : Le suivi

Chapitre 8

Le suivi

Quel genre de succès connaîtraient les joueurs de golf, de tennis et de baseball s'ils arrêtaient leur élan à l'impact de la balle ? Pas un succès très fulgurant ! Leur coup manquerait de puissance, la balle n'irait pas loin et sa direction serait aléatoire. La même chose est vraie pour les distributeurs qui ne font pas de « suivi ». Ce chapitre vous donne une autre clé pour augmenter le rendement de votre commerce, une méthode pratique et éprouvée pour assurer un suivi.

Vous vous souvenez des Paul et Paulette Peut-Être ? Voici une chose que les gens de ce groupe font souvent.

Ils investissent beaucoup de temps, d'énergie et d'argent pour se dénicher des clients potentiels. Plusieurs d'entre eux commencent à utiliser leurs produits ou leurs services. Les Paul et Paulette connaissent même un certain succès à aider leurs nouveaux distributeurs à mettre sur pied leur propre entreprise. Ensuite, ils attendent que ceux-ci deviennent prospères.

Mais ça n'arrive jamais. Pourquoi ?

Se mettre au travail

Je crois de tout cœur qu'une fois qu'un nouveau distributeur a joint votre commerce, qu'il a expédié sa convention de distributeur à la compagnie et qu'il a commencé à utiliser les produits, *c'est l'heure de vous retrousser les manches et de vous mettre au travail !*

Les Paul et Paulette croient qu'ils ont fini de travailler, que c'est l'heure de se reposer et d'attendre jusqu'à ce que « Peut-Être » le gros chèque leur soit expédié.

Mais le succès en marketing de réseau n'arrive pas sans effort et le mot-clé ici est « effort ».

Le suivi

Comme je l'ai déjà indiqué, une des clés fondamentales du succès en marketing de réseau est l'enthousiasme.

Probablement que les Peut-Être pensent que leur enthousiasme pour les produits et le plan de rémunération est si contagieux que les produits vont se *vendre tout seuls.*

Cela ne fonctionne pas ainsi. Il faut du travail et des *suivis.*

Il y a plusieurs années, j'ai mené ma propre enquête auprès de compagnies de calibre Fortune 500. Je voulais savoir quelle était la façon la plus rentable pour elles d'investir leurs ressources, leur temps et leur argent. Quelle était cette façon, selon vous ? La recherche et le développement ? La publicité ? La motivation ? Les ventes ? Non. C'était…

Le service à la clientèle et la satisfaction

Les entreprises qui réussissent et qui valent plusieurs milliards de dollars ont compris depuis longtemps que c'est après avoir fait une vente que le vrai travail commence.

Voyez-vous, faire une vente c'est *faire une seule vente.* Ce n'est pas ça qui apporte le succès. Par contre, trouver et *garder* un client satisfait, qui revient souvent, qui recommande avec enthousiasme vos produits ou vos services à d'autres, c'est *comme ça* qu'une entreprise connaît du succès. C'est spécialement vrai en marketing de réseau où un client satisfait devient un distributeur productif.

Encore une fois, la clé est le suivi.

Un système simple pour le succès

Je vais vous décrire maintenant un petit système de suivi très simple et très efficace qui rendra le succès *inévitable*. Avant de vous le présenter, permettez-moi de partager avec vous un fait intéressant. J'ai découvert que *toutes* les compagnies ou distributeurs qui ont du succès en marketing de réseau *utilisent le système que je vais vous décrire !* C'est vrai. Évidemment, ils ont tous développé leurs petites variations, leurs façons spéciales de l'appliquer mais, à la base, le système est toujours le même.

Imaginez-vous ceci

Je vous demande de tout imaginer ce que je vous dis au fur et à mesure que je vous en parle. Rendez-vous à la papeterie et procurez-vous une boîte de fiches de la couleur de votre choix. Elle doit être assez petite pour que vous puissiez la transporter avec vous.

Achetez-vous deux paquets de fiches lignées. Procurez-vous aussi deux séries de séparateurs : une numérotée de 1 à 31 pour les jours du mois, et une autre pour les douze mois de l'année.

Remplissez une fiche chaque fois qu'une personne commence à utiliser vos produits ou vos services, qu'elle soit cliente au détail ou distributrice. Inscrivez-y son nom, son adresse, de même que ses numéros de téléphone à la maison et au travail (si elle vous autorise à lui téléphoner au travail). Inscrivez aussi le nom de son conjoint, les noms de ses enfants, ses intérêts et tous les détails qui vous frappent à propos de cette personne.

Réservez une section de la fiche pour y inscrire ce que cette personne veut et ce qu'elle aime de vos produits ou de votre entreprise. Soyez concis. Inscrivez tous les renseignements pertinents concernant cette personne sur « sa » fiche.

À quoi s'attendre ?

En tant que distributeur, vous devriez connaître à fond les effets que les gens ressentiront en utilisant vos produits ou services. Si vous êtes tout nouveau, il est essentiel que vous connaissiez ces effets. Alors demandez à votre parrain qu'il vous aide à en prendre connaissance

Par exemple, si vous distribuez des produits alimentaires ou un produit amaigrissant, vos clients commenceront à ressentir des bienfaits en quelques jours. Il est important que vous assuriez un suivi à ce moment-là.

Vous retirerez plusieurs bienfaits immédiats de ce suivi.

Premièrement, vos clients seront heureux de sentir que vous vous intéressez à eux et que vous êtes disponible pour discuter des effets qu'ils ressentent.

De plus, nous ne pouvons pas nier que chaque personne a parfois des pensées négatives. Si vous montrez de l'intérêt et de l'appréciation envers vos clients dès le début, vous créez une atmosphère dans laquelle toutes leurs attentes positives pourront se réaliser. Cela accordera une longueur d'avance à votre produit.

Utilisez votre système de suivi

Disons qu'aujourd'hui, 19 mars, votre amie Marie commence à utiliser vos produits. Vous savez par expérience que la plupart des gens commencent à ressentir les effets de vos produits en trois jours. Donc, le 19, après avoir rempli la fiche de Marie, vous la placez dans votre boîte derrière le séparateur numéroté 22, c'est-à-dire trois jours plus tard.

Le matin du 22, quand vous vous assoyez à votre bureau, vous ouvrez votre boîte de fiches et vous en tirez toutes celles de la section 22.

Voilà. La gestion d'entreprise en boîte.

Prenez le téléphone, composez le numéro de Marie (qui se trouve sous vos yeux, sur sa fiche) et demandez-lui : « Comment vas-tu ? » Vous saurez tout de suite si elle a commencé ou non à utiliser vos produits. Si elle n'a pas commencé, vous pouvez l'encourager à le faire. Favorisez les attentes positives.

« Marie, j'ai tellement hâte que tu commences à les utiliser parce que tu te sentiras tellement bien ! »

Vous pouvez lui suggérer plusieurs façons d'utiliser les produits et associer ceux-ci à des bienfaits qui lui tiennent à cœur parmi ceux que vous avez notés sur sa fiche.

Si elle a commencé à utiliser les produits, demandez-lui comment elle se sent.

Des bienfaits, des bienfaits, des bienfaits !

Si elle n'a pas encore ressenti de bienfaits, mentionnez-en un auquel elle peut s'attendre bientôt. Ne lui donnez pas de détails techniques sur le produit. Partagez plutôt avec elle une histoire, la vôtre ou celle de quelqu'un d'autre, à laquelle elle peut s'identifier et qui lui donnera envie de ressentir des bienfaits le plus tôt possible.

« Marie, je sais que telle chose t'intéresse (vous avez ce renseignement personnel sur votre fiche). Mon amie Catherine, qui s'intéresse aussi à la même chose, a commencé à utiliser les produits il y a deux semaines et hier, elle m'a dit que… »

Vous finissez la phrase avec l'histoire de quelqu'un qui obtient les résultats que Marie désire obtenir, de préférence quelqu'un avec qui Marie éprouve une certaine affinité. Par exemple, quelqu'un qui aime jardiner, comme Marie, et qui peut passer maintenant quelques heures de plus dans son jardin parce qu'il a plus d'énergie.

Vous comprenez ? Racontez une histoire qui correspond au mode de vie de votre cliente et aux bienfaits qu'elle espère retirer du produit.

Que faire des effets négatifs ?

Parfois, lorsque quelqu'un commence à utiliser un produit de santé, il se sent *moins bien* avant de se sentir mieux.

Cela arrive souvent et s'explique facilement, mais votre client peut s'alarmer et même être tenté de cesser d'utiliser les produits à moins que vous ne lui veniez en aide. Si vous effectuez votre suivi au bon moment, vous pourrez expliquer à votre client que son corps est en train d'éliminer des toxines et que, pendant ce temps, il peut ressentir les effets de ce processus d'élimination. Expliquez-lui qu'il s'agit d'un effet temporaire qui indique que son corps se nettoie et qu'il se sentira bientôt mieux. Cela rassurera votre client.

Le suivi d'un nouveau distributeur

Ce procédé de suivi est aussi efficace avec un nouveau distributeur.

Quand vous appelez votre nouveau distributeur pour savoir comment il va, vous saurez s'il a commencé à bâtir son entreprise, ce qu'il fait, s'il éprouve des problèmes, etc. Vos fiches seront aussi très utiles dans cette situation.

Peut-être est-il nécessaire que vous remettiez votre distributeur en contact avec ses buts. C'est facile à faire si vous les avez notés sur votre fiche. Comme dans le cas d'un produit, n'abordez pas les détails techniques du commerce. Ayez plutôt recours à des histoires personnelles pour illustrer un point.

« Tu sais, Marie, j'ai éprouvé les mêmes difficultés quand j'ai commencé. Voici ce que mon parrain m'a suggéré. Cela m'a été d'un un grand bien ! »

Encore une fois, oubliez le « technique », partagez votre expérience.

Durant les premiers jours et les premières semaines, le nouveau client et le nouveau distributeur peuvent se sentir très vulnérables. Leur entourage n'est pas toujours d'accord avec ce qu'ils font et peut tenter de les décourager. C'est pourquoi il est important que vous preniez le temps de les suivre adéquatement, de les soutenir et de leur démontrer que vous vous intéressez à eux. Cela fait toute la différence. Voyez-vous la portée d'un suivi ?

Combien de temps faut-il attendre avant de rappeler quelqu'un ? Un mois, c'est trop long. Moins de deux jours, c'est trop court parce que la plupart des produits prennent quelques jours avant d'agir de façon perceptible. L'idéal est entre trois jours et une semaine.

Et les appels à vos nouveaux distributeurs sérieux ?

Tous les jours !

J'ai essayé plusieurs façons et j'ai découvert que la meilleure est un contact quotidien. Cela vous permet de prodiguer des conseils, d'inciter votre distributeur à tenir ses engagements et de régler certaines choses avant qu'elles ne prennent trop d'ampleur. Cela aide votre distributeur à parrainer de nouveaux distributeurs.

Vous pouvez vérifier si votre distributeur est sérieux en notant s'il *vous* appelle. En fait, vous pouvez conclure une entente avec lui à l'effet que ce soit *lui* qui vous appelle tous les jours.

Retenez *toutes* les histoires que vous entendez

Comment faire pour raconter la *bonne* histoire, au *bon* moment, au *bon* client ou au *bon* distributeur ?

À partir du premier jour d'exploitation de votre entreprise, ou à partir d'aujourd'hui si vous n'avez pas déjà commencé, confectionnez-vous une boîte à histoires. Vous pouvez l'incorporer à votre boîte de fiches ou créer une boîte séparée.

Votre boîte à histoires renferme la collection intégrale de toutes les histoires que vous avez entendues à des réunions ou que des distributeurs vous ont racontées à propos des produits ou de l'occasion d'affaires.

Prenez l'habitude de participer à toutes les réunions et à toutes les soirées. Rencontrez les gens, présentez-vous, serrez-leur la main chaleureusement, demandez-leur de vous parler de leur expérience et écoutez attentivement leur histoire. Demandez-leur leur nom, ce qu'ils font comme travail, qui leur a fait connaître les produits ou l'entreprise, quels sont les bienfaits qu'ils ont ressentis, etc. À chacune de ces soirées, vous apprendrez de trois à six nouvelles histoires que vous pourrez ajouter à votre boîte à histoires.

Ne jugez pas la « qualité » ou la « pertinence » d'une histoire. Une histoire qui ne vous intéresse pas du tout peut frapper dans le mille pour quelqu'un d'autre.

Indexez vos histoires avec un ou deux mots-clés qui décrivent les principaux bienfaits ou une caractéristique de la personne qui vous l'a racontée. Vous serez surpris de la vitesse avec laquelle votre boîte se remplira d'histoires inspirantes. Vous en voudrez encore et toujours.

Si un jour vous en avez plus que vous en voulez, expédiez-les moi ; j'adore les histoires inspirantes.

Devenez un maître raconteur

Cela ne vous sert à rien de devenir un expert en produits ou en plan de rémunération si vous ne savez pas raconter de bonnes histoires.

Les distributeurs qui réussissent le mieux sont ceux qui racontent les meilleures histoires. Les meilleurs vendeurs, les meilleurs professeurs, les chefs les plus inspirants, sont experts à raconter des histoires. Chacun de nous écoute et raconte des histoires *depuis toujours !*

Souvenez-vous : 95 p. cent des gens ne s'intéressent pas aux « faits » et ceux qui font partie du 5 p. cent vous les demanderont directement et vous leur donnerez. Par contre, ces derniers aussi veulent connaître les bienfaits rattachés aux produits et savoir ce que l'occasion d'affaires peut leur apporter.

Quelle est la meilleure façon de communiquer les bienfaits ? Raconter une histoire.

Continuez votre suivi

Chaque fois que vous contactez une personne, mettez-vous d'accord que vous la rappellerez dans quelques jours pour prendre de ses nouvelles. Prenez note de ce rendez-vous afin de ne pas l'oublier.

> « Marie, je suis contente que tout aille bien. Serais-tu d'accord que je te téléphone dans deux ou trois jours, disons vendredi ou samedi ? Quel jour te convient le mieux ? »

Comme toujours, offrez-lui le choix du « quand ». Cela lui évitera de penser à un « si ».

Quand vous aurez raccroché, prenez quelques notes sur votre conversation avec Marie, notez l'histoire que vous avez partagée avec elle et placez la fiche derrière le séparateur du 25 ou du 26, selon ce que vous avez convenu.

Le 25 ou le 26, il y aura peut-être 3 ou 4 fiches dans la section réservée à ce jour-là. Vous devriez consacrer 20 ou 30 minutes à faire vos appels, 45 tout au plus ! Disciplinez-vous à faire tous vos suivis et vos rappels. En quelques semaines, ce sera devenu une habitude très bienfaisante. Le suivi contribuera à l'une des activités *les plus productives* de votre entreprise.

Lors du prochain suivi, vous téléphonez à Marie et vous commencez de la même manière : « Comment vas-tu ? » Si elle n'a *toujours* pas ressenti de bienfaits tangibles, que faire ?

Racontez-lui une *autre* histoire. Continuez de l'appeler et de lui raconter une histoire jusqu'à ce qu'il se passe quelque chose. Elle se découragera et abandonnera ou, un jour, elle *vous racontera une histoire de succès, la sienne !*

L'étincelle de la passion

L'histoire de succès de Marie est fondée sur sa propre expérience des bienfaits liés aux produits. D'ailleurs, son expérience éveillera en elle le désir d'en connaître davantage. Vous pourrez y répondre graduellement afin qu'il se transforme en feu de passion. En plus, vous aurez une autre histoire pour votre boîte à histoires !

Avec ce système de suivi, vous vous distinguerez de tous les autres qui vendent quoi que ce soit. Pensez-y !

Que s'est-il passé *après* votre dernier gros achat : voiture, meuble, vêtement ? Est-ce que quelqu'un vous a téléphoné pour vous demander si vous alliez bien et si vous étiez satisfait de votre achat ? S'il vous procurait les bienfaits que vous espériez ? C'est assez rare. Ceux qui l'ont fait vous ont fait sentir que vous étiez une personne spéciale. Vous avez probablement senti aussi que cette personne-là était spéciale.

Le suivi a une très grande portée. Quand vous faites un suivi, vous prenez position pour vos produits, votre client et votre nouveau distributeur. On se souvient de vous comme quelqu'un qui s'intéresse aux autres et qui est engagé.

Qu'est-ce que cela fait de vous ? Une personne unique, une sur un million. Et un jour, cela fera de vous un Millionnaire en action.

Impressionnant ? En effet !

Êtes-vous expert en nutrition ?

Je veux vous faire part d'un article que j'ai écrit pour la revue MLM Success[MD], une revue d'affaires traitant de formation que je respecte beaucoup. J'y discute d'un point important, un piège que les distributeurs en marketing de réseau ont de la difficulté à éviter.

Beaucoup de compagnies de marketing de réseau offrent des produits alimentaires et j'ai remarqué que plusieurs distributeurs veulent devenir des experts en nutrition.

C'est tout naturel. On commence à utiliser un produit qui améliore notre qualité de vie et la curiosité nous pousse à en apprendre davantage.

Comment ce produit opère-t-il ? Pourquoi le corps réagit-il de cette façon ? Comment savoir si je suis en santé ou pas ? Pourquoi ai-je développé cette condition de santé ? Quels sont les ingrédients de ce produit et quelles sont leurs caractéristiques ? D'où viennent-ils ? Comment sont-ils fabriqués ? Comment savoir si j'en prends trop ? Quel est l'ingrédient « actif » ? Quelle est la valeur nutritive du produit ? Quels autres produits ont des effets semblables ? Existe-t-il des recherches scientifiques sur ce produit ? Quel laboratoire indépendant a testé ce produit ?

Et ainsi de suite.

Saviez-vous que la nutrition est une des sciences les plus jeunes ? Pensez-y un instant. Quand avez-vous entendu parler d'oligoéléments pour la première fois ? De fibres ? De cholestérol ? Cinq ans ? Dix ans ? Certainement pas plus.

Les experts en nutrition qui consacrent leurs vies aux liens qui existent entre le régime alimentaire et la santé font de nouvelles découvertes tous les jours. Souvent, ces nouvelles découvertes contredisent les faits ou les opinions existants.

On pourrait dire alors que la connaissance de la nutrition est en partie une affaire d'opinion personnelle. Et tout le monde a son opinion. En parlant de nutrition avec votre client potentiel, vous ouvrez peut-être les portes à un débat au lieu de lui communiquer votre enthousiasme.

L'acquisition de connaissances sur la nutrition pose un défi : plus nous en savons, plus nous en parlons et plus nous connaissons de faits, plus nous parlons de faits. Toutefois, ce n'est *pas* ce qui intéresse les gens, ce n'est pas ce qui donne envie d'essayer un produit, surtout un produit alimentaire.

De plus, la connaissance de faits est une arme à deux tranchants puisqu'il y aura toujours quelqu'un qui en sait plus que vous. Si vous tentez d'établir votre commerce sur des faits, tôt ou tard vous rencontrerez quelqu'un qui en connaît plus que vous.

Si le cœur vous en dit, éduquez-vous ! Donnez satisfaction à votre soif de connaissances et de conscientisation en matière d'alimentation et de santé, mais n'oubliez pas ce point très important : accordez aux autres la liberté de procéder à leur propre rythme afin qu'ils conservent leur enthousiasme et qu'ils ne s'embourbent pas dans les faits.

La mise en marché est faite de caractéristiques et de bienfaits : les caractéristiques supportent les bienfaits. Les gens n'achètent pas les caractéristiques, ils achètent les bienfaits. Ils veulent savoir ce que le produit *fera pour eux.*

De toute façon, qu'est-ce qui est plus facile à *partager*, les caractéristiques ou les bienfaits ? Lesquels sont plus faciles à reproduire ?

« Racontez une histoire. » C'est ce que veulent dire les distributeurs qui réussissent quand ils déclarent : « Plus vous racontez, plus vous vendez ! »

Chapitre suivant, rendons-nous à une réunion.

Chapitre 9

Les soirées d'information

Rendons-nous à une réunion… une GRANDE réunion. En fait, il s'agit d'une soirée d'information. Le but d'une telle soirée est de charger à bloc les batteries de votre commerce et de donner à tout le monde le goût du succès. Elle s'adresse à vous, à vos clients potentiels, aux nouveaux distributeurs et aux distributeurs établis. Voici en quoi consiste une soirée d'information.

La dernière fois que vous avez pris l'avion, avez-vous remarqué que tous les passagers de la classe économique s'étiraient le cou pour voir ce qui se passait en première classe ? Je prends toujours plaisir à observer ce phénomène. Pour tout le monde, le gazon est plus vert ailleurs. La première classe est toujours spéciale.

Installons-nous en première classe

La première classe, en marketing de réseau, c'est la « soirée d'information ». Cette dernière est une grande réunion hebdomadaire, bimensuelle ou mensuelle où tout le monde se rend, paré de ses plus beaux atours, pour y partager ses histoires de réussite.

Une soirée d'information s'adresse à tous les distributeurs de votre région, quelle que soit leur lignée. Le but est d'y attirer le plus de monde possible… une cinquantaine ou une centaine de personnes. Plus on est de fous, plus on rit ! La synergie produite par ces réunions est régénératrice (je reparlerai de la synergie plus loin dans ce chapitre).

Participer à une soirée d'information c'est comme faire partie d'un club exclusif ou voyager en première classe, maintenant que vous avez fait vos présentations, beaucoup de personnes utilisent vos produits ou vos services. Je sais que vous les avez rappelées pour vous assurer de leur satisfaction et maintenant qu'elles ont commencé à ressentir les bienfaits des produits, peut-être sont-elles désireuses d'en connaître un peu plus sur votre entreprise. Le moment est venu de leur offrir une plus grande vision des choses. C'est l'heure de les inviter à une soirée d'information.

Pourquoi une soirée d'information ?

Est-ce que les soirées d'information sont nécessaires ? OUI ! Pourquoi ? Parce qu'elles sont efficaces ! C'est la façon dont elles fonctionnent et ce qu'elles accomplissent qui leur donnent autant de puissance.

J'ai observé des compagnies qui font usage de la soirée d'information et d'autres qui ne l'utilisent pas. Celles qui s'en servent ont beaucoup plus de succès et un taux de croissance beaucoup plus élevé que les autres. La soirée d'information donne une dimension inspirante à votre entreprise au moment où celle-ci en a le plus besoin, c'est-à-dire *au début.*

Dans ce chapitre, je vous parlerai surtout de la soirée d'information traditionnelle (hôtel, inscription, tout le tralala !), mais vous êtes libre d'en changer la forme. Par exemple, la technologie d'aujourd'hui vous permet de prendre les éléments importants d'une soirée d'information et de les utiliser au téléphone ou encore sur Internet.

Récemment, j'ai participé à une soirée d'information par conférence téléphonique. C'était ahurissant !

Un de mes amis m'avait donné un numéro de téléphone à composer à une heure bien précise. Quand j'ai appelé, une téléphoniste m'a dit bonjour et m'a indiqué que l'appel débuterait dans deux minutes. En attendant, on entendait de la musique sur la ligne.

L'appel a été pour moi une expérience très enrichissante, mais cette musique !... J'aurais préféré entendre des renseignements sur la compagnie pendant que j'attendais.

Après quelques minutes, la séance a commencé :

« Bonjour. Bienvenue à la soirée d'information de la compagnie XYZ. Je suis très enthousiasmé par ses produits et son occasion d'affaires et je suis très heureux que vous ayez décidé de nous consacrer quelques minutes afin d'en entendre parler. Je travaille au sein du marketing de réseau depuis des années et je n'ai jamais rien vu de pareil !

« Savez-vous qu'il y a plus de mille personnes présentement branchées sur cet appel à travers les États-Unis et le Canada ? C'est fantastique !

« Bob de San Diego, est-ce que tu es en ligne ? » « Allô Arthur, oui je suis là et j'ai hâte de commencer ! »

« Suzanne de la Floride, est-ce que tu es en ligne ? » « Certainement Arthur, je suis très heureuse d'être ici encore une fois ! »

« David de New York, tu es là ? » « Salut Arthur, comment vas-tu ce soir ? »

Et ça continuait…

En plus du président de la compagnie, ils étaient cinq à participer à l'appel et chacun d'eux était distributeur depuis quelques mois seulement. Cet appel s'est déroulé presque exactement comme la soirée d'information traditionnelle que je vais vous décrire dans ce chapitre.

Ils ont couvert tous les points importants et répondu à toutes les questions fondamentales. Ils ont peint une image de croissance explosive, de ferveur et d'enthousiasme pour les produits, la compagnie et l'entreprise. Ils ont tous raconté leur histoire et chacune d'elles était remplie d'émotions, de renseignements pertinents et d'inspiration. J'étais très impressionné.

Mille personnes, assises confortablement chez elles partout à travers l'Amérique du Nord, ont participé par téléphone à cette réunion. Certains groupes de distributeurs se sont rassemblés autour d'un téléphone à haut-parleur pour écouter la conférence de 25 minutes et ont tenu une réunion tout de suite après.

La popularité et l'efficacité de la conférence téléphonique pour des soirées d'information ont pavé, tout récemment, la voie à la diffusion d'émissions télévisées via satellite. Des compagnies et des individus parmi les meilleurs vendeurs produisent maintenant eux-mêmes leurs propres émissions couronnées de succès. Certaines de ces émissions sont transmises *en direct* dans le but de permettre aux gens d'appeler pour trouver des réponses à leurs questions.

Comme nous le prédisait John Naisbitt, la haute technologie permet d'accomplir des miracles. Nous sommes à l'ère du futur.

Tout ceci pour dire que la structure de la soirée d'information est très souple. Je vais vous décrire maintenant la soirée d'information classique qui se tient dans un hôtel, mais n'oubliez pas que vous pouvez adapter cette formule au médium qui vous plaît.

Parlons d'abord des bienfaits que procure une soirée d'information.

Enthousiasme et doute

Le nouveau client qui commence à peine à jouir des bienfaits d'un produit et le nouveau distributeur qui se lance en affaires ont deux choses en commun :

1. l'enthousiasme pur, et
2. la « dose de doute » inévitable quand on entreprend quelque chose de nouveau. C'est normal.

Johanne me dit : « John, je suis très enthousiasmée par ces produits et cette entreprise. »

Je lui réponds : « Bravo Johanne, tu t'en tires très bien. » Et elle pense : « Mais… Et si… Suis-je capable… ? »

Une soirée d'information peut éliminer d'un coup tous ces doutes.

J'aime bien les choses qui commencent en grand et il n'y a rien de tel qu'une soirée d'information bien réussie pour partir en grand. Pour le client qui examine votre occasion d'affaires avec une « mentalité de classe économique », rien de tel que la soirée d'information pour l'amener en « première ».

À qui s'adresse la soirée d'information ?

La soirée d'information s'adresse à tous les clients potentiels *sans exception* et aux nouveaux distributeurs. Il n'est pas rare qu'une telle soirée soit le premier contact qu'ait un client potentiel avec un produit et une occasion d'affaires.

Tout le monde bénéficie d'une soirée d'information. Toutefois, son but premier est de donner à vos invités, c'est-à-dire à vos clients potentiels et à vos nouveaux distributeurs, un aperçu favorable de votre industrie, de votre compagnie et de votre réseau.

Ils rencontreront des gens comme eux qui commencent à s'intéresser à cette industrie ou qui viennent de démarrer leur entreprise. Ils rencontreront aussi des distributeurs expérimentés qui jouissent déjà d'un certain succès. Ils apprendront ce que la compagnie peut leur offrir, et plus important encore, ils vivront une expérience directe de cette organisation excitante et professionnelle et ils voudront dorénavant en faire partie.

La soirée d'information fournit un contexte

Idéale pour vos clients potentiels, elle leur démontre que toutes les possibilités dont vous leur avez fait part dans votre présentation sont bel et bien réelles.

La compagnie est réelle, les produits et les services sont aussi réels et efficaces ! De plus, il existe des centaines de milliers d'hommes et de femmes qui pratiquent déjà la profession avec succès. En rencontrant plusieurs de ces personnes, vos clients potentiels sauront dorénavant que tout cela est vrai.

La soirée d'information rassure les nouveaux venus qu'ils n'auront pas à travailler en solo ! Croyez-moi, c'est une des hantises les plus profondes chez tous les clients potentiels et les nouveaux distributeurs. Quand ils verront tous ces gens qui réussissent et tous les nouveaux qui s'impliquent, ils n'auront pas seulement la conviction qu'ils peuvent réussir eux aussi, mais ils auront hâte de commencer !

Les gens qui se joignent au marketing de réseau sont habituellement aux prises avec deux désirs conflictuels. D'abord, ils veulent être parmi les premiers à faire partie de l'organisation, ensuite ils veulent être certains que c'est un commerce qui rapporte, donc que d'autres ont déjà prouvé sa viabilité. Une soirée d'information offre à la fois l'enthousiasme explosif de la nouvelle entreprise et la sécurité d'une entreprise bien établie.

Les éléments d'une soirée d'information réussie

Une soirée d'information est une œuvre d'art. Chacune est unique et son unicité dépend du produit, de la compagnie et des distributeurs qui la mettent sur pied.

Une soirée d'information est le fruit d'un effort collectif d'un réseau de personnes. Tous les distributeurs et les cadres d'une région travaillent ensemble pour la mettre sur pied. Comme elle profite à tout le monde, elle encourage la coopération plutôt que la compétition. Il n'est plus question de groupes ou de lignées mais d'une grande famille.

Les tâches associées à ce type de soirée sont partagées entre les différents réseaux de distributeurs de la région où se tient la réunion. Les diverses responsabilités doivent être déléguées par les dirigeants des différents réseaux, à tour de rôle. Ainsi, tous les groupes participent à tous les aspects de la soirée d'information. Tout le monde a donc la chance d'enseigner toutes les tâches à ses nouveaux distributeurs, tâches que je décrirai dans le présent chapitre.

Voici quelques éléments nécessaires à une soirée d'information réussie.

Un site de choix

D'abord et avant tout, une soirée d'information doit se tenir dans un hôtel ou une salle de conférence. À l'occasion, on peut utiliser une salle paroissiale. Une soirée d'information ne doit pas se tenir dans une maison privée, un garage ou un local vide. La clé ici est que le site *doit* porter la marque du professionnalisme et du succès. Rappelez-vous que nous sommes en première classe. L'endroit idéal est connu, chic, dans un bon quartier et comprend un stationnement bien éclairé.

S'il s'agit d'un gros hôtel, quelqu'un doit être obligatoirement désigné pour accueillir les invités dans le lobby et les diriger vers la salle de réunion. Ne comptez pas sur des affiches ou sur les employés de l'hôtel. Errer dans un hôtel à la recherche d'une salle de conférence est extrêmement désagréable. Si la salle est loin du lobby, il faudra poster plusieurs personnes sur le parcours pour y diriger les invités.

L'inscription

Installez une table d'inscription. Idéalement, celle-ci se trouve à l'extérieur de la salle de conférence.

La table d'inscription est l'endroit où vous accueillez « officiellement » vos invités. Installez-y les personnes les plus amicales et les plus cordiales de votre réseau. Choisissez les hommes et les femmes au plus beau sourire et à la personnalité la plus chaleureuse. Souvenez-vous de l'impact des premières impressions. Postés à cet endroit sont ceux et celles que vos invités vont rencontrer en premier.

Affichez votre nom

Beaucoup de gens ont de la difficulté à retenir les noms. C'est donc une bonne idée de remettre à chaque personne une étiquette portant son nom. Ainsi, les invités n'ont pas à mémoriser des noms et ils peuvent se détendre.

Je vous suggère de faire des étiquettes de deux couleurs différentes : une couleur pour les invités, une autre pour les « distributeurs établis ».

Dites aux gens ce que signifient les différentes couleurs. Il leur sera ainsi plus facile d'aborder la bonne personne pour lui poser une question ou discuter d'un point.

Les couleurs permettent aussi aux distributeurs établis de se présenter aux invités et de leur souhaiter la bienvenue : « Bonjour, je m'appelle Untel, je suis très content de vous voir. »

Parlez à tout le monde

Faites votre possible à une soirée d'information pour parler à *tous* les invités. Demandez-leur ce qui les amène. Demandez-leur aussi quels produits ils ont essayés et ce qu'ils en pensent. Invitez-les à vous partager ce qu'ils espèrent retirer de ce genre de commerce. Cela mettra les invités à l'aise et vous apprendra une ou deux nouvelles histoires.

Les sons

C'est une bonne idée d'agrémenter de musique la soirée d'information. Cela ajoute de l'ambiance et de la vie à vos activités.

Choisissez de la musique joyeuse et rythmée et évitez la musique exotique ou bizarre. Préférez-lui celle qui donne aux gens le goût d'entrer dans la pièce, de la musique animée, plaisante à écouter et à bas volume, juste assez pour que les gens aient à parler un peu plus fort que d'habitude.

Un jour, je me suis retrouvé dans un restaurant de Toronto, au Canada, en milieu d'après-midi et bien que le restaurant ait été bondé, les gens parlaient à voix basse et l'atmosphère était très paisible. Soudainement, l'ambiance de la pièce s'est transformée. Les gens se sont mis à bouger, à se promener et à parler plus fort. Je n'y comprenais rien. J'ai demandé à la serveuse ce qui se passait et elle m'a répondu : « Oh, c'est toujours ainsi lorsque nous mettons de la musique. »

Un étalage des produits

À votre soirée d'information, dressez un étalage des produits dans un des coins de la pièce.

Choisissez quelques-uns de vos distributeurs les plus doués et demandez-leur de créer un étalage attrayant. Évitez de simplement y placer quelques bouteilles ! Préparez un bel étalage qui rende gloire à vos produits, tel un tableau !

Vous pouvez réussir quelque chose de beau à peu de frais. Des blocs de bois et des boîtes recouvertes de tissu vous permettent de créer plusieurs niveaux. Vous pouvez aussi utiliser des cadres ou des présentoirs pour afficher de la documentation, des lettres de clients satisfaits, des graphiques, etc.

Vous pouvez incorporer des accessoires à votre étalage. Pour les produits alimentaires, vous pouvez ajouter certains éléments comme des tiges de blé ou des fruits frais. Pour des produits amaigrissants, vous pouvez utiliser des photos « avant et après », une mesure, une balance, etc.

Mettez-y tout votre cœur afin que l'étalage attire l'attention. Vous en serez bien récompensé. Les gens tiendront vos produits en haute estime et leur accorderont une grande valeur.

Des chaises, le moins possible

Demandez aux gens de confirmer leur présence à l'avance et demandez-leur combien d'invités les accompagneront. Installez moins de chaises que le nombre de personnes attendues. Assurez-vous d'avoir des chaises de réserve à l'arrière de la salle et confiez à un distributeur la responsabilité d'en installer d'autres au fur et à mesure que la salle se remplit.

Des chaises vides créent l'illusion qu'il y a peu de gens à la réunion, même s'il y en a un grand nombre. Au contraire, ajouter des chaises donne l'impression qu'il y a beaucoup de monde et que c'est un événement couru !

Que le spectacle commence !

D'abord, commencez et terminez à l'heure ! C'est faire preuve de professionnalisme, cela enseigne le respect de l'horaire à vos distributeurs et des invités qui font preuve de ponctualité. La durée de votre réunion ne devrait pas dépasser 45 minutes, une heure au maximum. La tête peut assimiler uniquement dans la mesure où le postérieur peut endurer !

Par contre, vous pouvez mettre à profit le temps disponible avant et après la réunion. Avant la rencontre, parlez aux invités pour leur en donner un avant-goût. À la fin de la réunion, dites-leur que les distributeurs expérimentés seront disponibles pour répondre à leurs questions et pour parler de leur entreprise. C'est l'heure aussi où les gens peuvent faire plus ample connaissance, compléter leur convention de distributeur, acheter des produits et/ou s'inscrire à une formation.

L'animateur

Choisissez l'animateur avec soin, de préférence quelqu'un qui a beaucoup d'énergie, d'enthousiasme et d'entregent, quelqu'un que les gens aimeront d'emblée. Il n'est pas nécessaire que ce soit le distributeur le plus prospère du réseau. En fait, il est préférable que ce soit un distributeur relativement nouveau pour que les invités puissent s'identifier à lui plus facilement. Les distributeurs « étoiles » peuvent intimider plutôt qu'inspirer.

L'animateur se présente et souhaite la bienvenue à tout le monde. Il enchaîne tout de suite avec une présentation très enthousiaste du marketing de réseau. Il dit à tout le monde combien cette industrie est merveilleuse, que c'est l'industrie de l'avenir, la plus avant-gardiste du 21ᵉ siècle et qu'on peut en en faire partie aujourd'hui.

Dans « Votre introduction », vous trouverez beaucoup de renseignements qui seraient utiles ici. J'ai hâte qu'il existe un bon livre qui décrive le concept et les principes de notre industrie et qui énumère toutes les possibilités extraordinaires qui s'offrent aux gens dans le marketing de réseau. Ce serait un bon outil pour les distributeurs, surtout pour leurs présentations et pour leurs soirées d'information. Peut-être que je l'écrirai un jour ! Quel beau défi… tentant !

Après son introduction, l'animateur fait part brièvement de son expérience avec les produits et l'occasion d'affaires. Il raconte son histoire de réussite. Elle est joyeuse, chaleureuse, fascinante !

Il enchaîne ensuite avec les trois points-clés suivants.

La compagnie, les produits, l'occasion d'affaires

L'animateur parle d'abord de la compagnie. Il donne un aperçu de sa philosophie et de sa croissance, tout en évitant les détails, et il utilise des histoires lorsque c'est possible. Il parle d'expansion, du nombre de nouveaux distributeurs, et décrit une compagnie puissante, bien gérée, en pleine croissance et prospère.

Il parle ensuite des produits ou services.

Il en parle brièvement, faisant état de sa propre expérience et évitant les détails techniques. Il raconte l'histoire d'une ou deux personnes qu'il connaît (vous verrez ici l'utilité de votre boîte à histoires). Il montre les produits dans la mesure du possible et il en parle avec enthousiasme de façon à *réellement produire de bons résultats.*

Il parle ensuite de l'occasion d'affaires.

Encore une fois, il donne un résumé de sa propre expérience. Il raconte comment il s'est impliqué dans ce commerce et ce que cela lui a valu. Il parle aussi de ses projets futurs. Les invités ressentent son enthousiasme, voient que son entreprise prend de l'expansion et sentent inévitablement que l'animateur aura du succès. Ils se réjouissent avec lui et lui souhaitent du succès, *beaucoup de succès!*

L'animateur peut écrire les grandes lignes de sa présentation sur un tableau à feuilles volantes en avant de la salle. Cela ajoute une dimension graphique à ce qu'il dit et lui sert d'aide-mémoire, libérant son esprit pour communiquer son enthousiasme aux invités.

Il peut présenter le matériel du nouveau distributeur et parler des avantages qu'il offre aux nouveaux-venus, c'est-à-dire la possibilité d'acheter au prix de gros, le bulletin mensuel, le matériel de promotion et tout autre bénéfice tangible. Il parle de l'investissement initial et expose brièvement le plan de mise en marché, du niveau le plus bas aux niveaux supérieurs. Il se contente des grandes lignes car ces plans sont habituellement assez complexes et s'expliquent difficilement en quelques minutes.

Cette première partie dure entre 20 et 30 minutes.

Des questions ?

Vos invités ont maintenant une idée positive de la compagnie, des produits et de l'occasion d'affaires, et ils se posent d'importantes questions. Cinq questions exactement. Les voici :

1. Est-ce que ce commerce est simple ?
2. Est-ce que je peux m'y amuser ?
3. Est-ce que j'y gagnerai de l'argent ?
4. Est-ce que j'aurai de l'aide ?
5. Est-ce le temps idéal pour joindre ?

Répondre à ces questions constitue la clé pour encourager vos invités à joindre votre entreprise et pour propulser celle de vos nouveaux distributeurs. C'est un des principaux buts de la soirée d'information.

Comment leur donner toutes les bonnes réponses ? Il y a deux façons. La plus difficile est de demander à un distributeur chevronné, qui exploite son commerce depuis cinq ou dix ans et qui gagne 20 000 $ par mois, de venir s'adresser aux invités.

Je dis que c'est la façon la plus difficile parce que vos invités ne s'identifieront pas très facilement à une telle vedette !

Vingt mille dollars par mois représentent un quart de million par année. Les gens ne peuvent s'imaginer gagner autant d'argent dès leur première année en affaires. C'est trop éloigné de leur réalité !

Et que pense la personne qui vise un revenu d'appoint en travaillant à temps partiel quand elle voit ce professionnel détendu, heureux, qui a maîtrisé l'art de parler en public, elle dont la plus grande peur est justement de s'adresser à un groupe ? Elle pense: « Ce n'est pas pour moi, je ne pourrai jamais ! »

Le rôle du distributeur chevronné se joue ailleurs !

Je préfère l'utiliser à la fin de la réunion. Cela fait toujours plaisir à quelqu'un quand je le prends à part et lui dis : « Aimerais-tu rencontrer Unetelle ? C'est une des distributrices les plus productives de la compagnie ; elle fera partie de ton réseau. C'est une des personnes les plus gentilles que je connaisse. Viens, je vais te la présenter. »

Cela a beaucoup d'impact.

Mais revenons aux questions de tantôt. Quelle est la meilleure façon d'y répondre ?

Place à l'homme ordinaire

L'animateur dit :

« Maintenant que je vous ai parlé de la compagnie, des produits et de l'occasion d'affaires, je voudrais céder la parole à quelques nouveaux distributeurs, des gens qui vous ressemblent et qui ont joint cette industrie il y a quelques semaines ou quelques mois seulement. Ils vont vous dire comment ça s'est passé pour eux. Je les invite maintenant à venir vous parler. »

À partir de ce moment, l'animateur ne fait que « diriger le trafic ». Les nouveaux distributeurs montent sur scène, racontent leur histoire de réussite en une minute ou deux et retournent s'asseoir avec un grand sourire.

Soit dit en passant, ces distributeurs ont *appris* à répondre aux cinq questions en racontant leur histoire. Choisissez des distributeurs de toute stature, de tout âge, de tout style et de toute culture, des gens qui ont une vision différente de leur commerce.

Ce qui compte c'est qu'ils répondent aux cinq questions en racontant leur histoire.

Des histoires vraies

Je ne dis pas que vous deviez inventer des histoires de réussite. Mentir ne mène à rien ; c'est la vérité qui inspire les gens. De toute façon, cette industrie est tellement remplie de bonnes histoires de réussite personnelle que vous n'aurez jamais à en inventer !

Je vous suggère d'enseigner aux distributeurs comment inclure ces cinq questions dans leur histoire avant qu'ils ne viennent la raconter. C'est essentiel qu'ils le fassent. Par exemple :

« Bonjour, je m'appelle Normand et je suis très content d'être ici !

« J'ai joint cette entreprise il y a deux mois. J'ai d'abord essayé les produits qui m'ont procuré de grands bienfaits. Je me sentais tellement bien que j'ai décidé de travailler avec Natalie, ma marraine. Elle m'a donné un fier coup de main !

« Elle m'a montré comment le commerce fonctionne. Elle m'a aidé à remplir ma convention de distributeur et placer ma première commande, en plus de m'accompagner à mes premières présentations. J'ai tout de suite fait deux ventes et parrainé un distributeur ! Je suis très content. C'est la première fois que je vends quoi que ce soit de toute ma vie !

« J'ai beaucoup de plaisir. Je consacre huit heures par semaine à mon entreprise et, avec les revenus du mois dernier, j'ai pu faire le paiement sur ma voiture et me payer le téléphone cellulaire dont je rêvais depuis plus d'un an ! Tout le monde est très gentil et je suis très heureux. Je vous encourage à vous joindre à nous. Si je suis capable de réussir, vous l'êtes aussi ! »

Normand quitte la scène et tout le monde applaudit. N'oubliez pas d'applaudir. Même si vous avez entendu l'histoire de Normand ou de quiconque plusieurs fois déjà, accordez-leur toujours la reconnaissance qu'ils méritent. C'est important pour eux et encore plus pour vos invités. Même si Normand n'a aucun invité cette fois-ci, vous vous assurez, en applaudissant, de son enthousiasme toujours grandissant. Peut-être que la prochaine fois, il y aura plusieurs invités !

Moi aussi je suis capable

Voilà un point très simple mais très important. Vous désirez que vos invités pensent : « Si lui ou elle peut faire ça, je sais que moi aussi j'en suis capable. » Si quelques-uns de vos distributeurs le disent à haute voix, tant mieux !

Regardons ce qui se passe du côté des invités.

Normand leur a dit que son entreprise est simple et facile à comprendre ; il a enregistré deux ventes et parrainé un distributeur dès la première semaine. Les invités en viennent à la conclusion qu'ils auront l'aide dont ils ont besoin parce que Normand leur a décrit ce que Natalie a fait pour lui et leur a dit qu'elle lui avait donné un fier coup de main. Ils savent qu'il gagne de l'argent parce que Normand leur a dit clairement : « ... le paiement sur ma voiture et ... le téléphone cellulaire... »

Reste la dernière question : «Est-ce le temps idéal pour joindre ? » Quand Normand a dit : « Je vous encourage à vous joindre à nous. Si je suis capable de réussir, vous l'êtes aussi ! », ils ont compris qu'ils peuvent joindre le commerce n'importe quand. Si plusieurs des histoires de réussite viennent de gens qui sont dans l'industrie depuis seulement quelques semaines ou quelques mois, les invités sauront que le temps idéal pour s'impliquer est maintenant !

Après 45 minutes, l'animateur dit :

« Très bien ! Merci à tout le monde ! Ceci met un terme à la partie formelle de notre rencontre. Nous vous invitons à rester avec nous pour jaser un peu. Des gens sont disponibles pour répondre à toutes vos questions. Nous avons des conventions pour distributeurs et le matériel du nouveau distributeur pour ceux qui veulent se lancer en affaires dès ce soir.

L'animateur mentionne la date de la prochaine soirée, annonce les événements spéciaux, le cas échéant, et n'oublie pas de préciser la date de la prochaine formation du nouveau distributeur. Il encourage les gens à y participer. Il leur dit que c'est une très bonne façon de commencer. S'ils ne peuvent pas y participer, il les encourage à prendre rendez-vous pour une session de formation individuelle avec leur parrain ou marraine.

L'animateur conclut en disant :

« Merci d'être venu, nous avons beaucoup apprécié votre présence. Avant de partir, assurez-vous que nous avons répondu à toutes vos questions. Bonsoir ! »

La musique reprend. Si vous avez amené un client potentiel, remettez-lui la convention de distributeur et aidez-le à la remplir. Profitez-en pour présenter votre nouveau distributeur à des distributeurs chevronnés qui connaissent déjà beaucoup de succès. Votre nouvel associé sera rassuré qu'il a fait un bon choix.

Les heures et les dates

Idéalement, les soirées d'information se tiennent les mardi, mercredi ou jeudi soir, à 19 h 30 précises. Ouvrez les portes de la salle à 19 h.

J'aime tenir des sessions de formation du nouveau distributeur le samedi matin. Si la soirée d'information est le jeudi, il n'y a que deux jours entre celle-ci et la formation.

Si vous avez un petit groupe, vous pouvez offrir la formation du nouveau distributeur immédiatement après la soirée d'information. Accordez-vous une pause de quinze minutes puis enchaînez.

La formation du nouveau distributeur prend entre deux heures et deux heures et demie. Assurez-vous d'annoncer au préalable qu'elle aura lieu à la fin de la soirée d'information. Cela fait une soirée un peu longue mais c'est une façon très intense pour vos nouveaux distributeurs de se lancer en affaires.

La synergie d'un grand rassemblement

Les grands rassemblements ont un avantage sur les petites réunions intimes et c'est la *synergie.* « Synergie » est un terme mathématique qui exprime que le tout est plus grand que la somme de ses parties. Le futuriste Buckminster Fuller a rendu ce terme populaire et a développé une formule qui la représente. Suivez attentivement car cela constitue un outil précieux en marketing de réseau. Ne vous inquiétez pas, ce n'est pas compliqué.

Prenez le nombre de personnes présentes à une réunion et multipliez-le par lui-même (c'est-à-dire, le nombre de participants au carré).

Soustrayez ensuite le nombre de personnes présentes à la réunion.

Divisez ce nombre par 2 et vous obtenez le *nombre total de liens entre toutes les personnes présentes.*

Par exemple, si 5 personnes participent à une petite réunion :

5 (nombre de participants) x 5 = 25 – 5 (nombre de participants) = 20 + 2 = 10. Il existe 10 liens entre les personnes présentes.

Même s'il n'y a que 5 personnes à la réunion, elles génèrent 10 liens entre elles.

Prenons maintenant une rencontre d'une soixantaine de personnes et voyons comment la synergie s'applique :

60 x 60 = 3 600 – 60 = 3 540 + 2 = 1770.

Mille sept cent soixante-dix liens entre les soixante personnes présentes à cette réunion !

Si tous ces liens ont en commun l'enthousiasme pour les produits, l'engagement envers la compagnie et une attention sincère les uns pour les autres, quel genre d'énergie se dégagera de la salle à la fin de la réunion ?

Une énergie très puissante en effet !

La synergie est le secret du pouvoir gigantesque du marketing de réseau. Elle explique comment un réseau de mille personnes peut produire les résultats normalement obtenus par un demi million d'individus. On peut mettre la puissance de la synergie au service de tous les aspects du marketing de réseau et de la soirée d'information.

Le moment est enfin venu pour vous d'apprendre comment mettre sur pied le programme de formation du nouveau distributeur.

Chapitre 10

La formation du nouveau distributeur

Tous les éléments que nous avons abordé à date, les buts et l'objectif, les systèmes de croyances, la prospection, le suivi et la soirée d'information, font partie d'un programme de formation très puissant qui favorisera l'essor de votre entreprise de marketing de réseau. En lisant les chapitres précédents, vous avez sûrement eu plusieurs bonnes idées. C'est ici que tout se marie en un programme complet de formation du nouveau distributeur qui sera source de succès pour chaque personne de votre réseau.

Comme vous le savez, je suis fervent à l'idée (et à la réalité) que la formation est l'élément qui garantit votre succès, et pour moi, succès veut dire autonomie personnelle et financière permanente.

Savez-vous ce qui garantit une bonne formation ? La danse.

Vous êtes surpris ? Je vous explique.

Que vous dansiez avec la compagnie danoise Royale ou Dan Wise, à la discothèque Royale, c'est la *chorégraphie* qui donne un cachet spécial à votre style de danse ; c'est elle qui attire les regards et l'admiration.

La chorégraphie est la façon dont les mouvements se marient à la musique et la façon dont ils s'enchaînent. Les pas individuels constituent la technique ; l'enchaînement fluide et dynamique constitue la chorégraphie.

La chorégraphie de la formation

Si vous avez bien préparé votre programme de formation, vos nouveaux distributeurs passeront aisément d'une étape à l'autre. Vous verrez que chacune d'elle mène à la suivante et que le tout est bien orchestré.

Commencez par leurs buts et leur objectif, leur enseignant à se laisser guider par le désir ardent de réussir. Ensuite, formez-les dans la prospection, la présentation, les objections, le suivi, la soirée d'information et la formation de leurs propres nouveaux distributeurs.

Chacune des « étapes » se marie à la suivante et offre un enseignement pratique. Dans la formation, vos nouveaux distributeurs dressent leur propre liste de clients potentiels, font leurs présentations à ces clients, assurent un suivi, amènent des invités à la soirée d'information et commencent à former leurs nouveaux distributeurs.

Ils apprennent à devenir des distributeurs prospères en étant des distributeurs prospères.

Cette « approche » pratique est mille fois plus efficace qu'un enseignement théorique où on les garderait assis pendant des heures pour leur « dire » comment faire.

Quand vos distributeurs auront complété leur première formation, ils seront prêts à l'enseigner à leur tour. C'est une approche extraordinaire parce que vous n'avez pas seulement enseigné à quelqu'un comment mettre sur pied son entreprise, vous lui avez aussi enseigné à enseigner à d'autres à faire de même.

« Apprendre en gagnant de l'argent ! »

Le rythme de votre danse

La chorégraphie d'une formation dépend de son rythme.

La soirée d'information a normalement lieu le mardi, le mercredi ou le jeudi. Si vous n'avez pas travaillé la première étape de la formation avec un petit groupe immédiatement après la rencontre, samedi matin est le temps idéal pour le faire. Dans ce cas, je préfère que la soirée d'information se tienne le jeudi, ainsi le samedi n'est pas loin.

Préparez le terrain

J'ai une suggestion à vous faire : *aussitôt que votre client potentiel décide de devenir distributeur, donnez-lui un exemplaire du présent livre.* Votre premier geste en tant que parrain est de demander à votre nouvel associé de lire « Votre introduction » et les deux premiers chapitres du livre, avant d'entreprendre avec lui le programme de formation.

Souvenez-vous de l'importance des systèmes de croyances. Ils constituent le « contexte » qui teinte le « contenu » de votre programme de formation ainsi que votre relation avec votre nouveau distributeur. Il est important que votre nouveau distributeur lise ces chapitres et complète les exercices afin de préparer le terrain pour la formation.

Cette lecture aidera votre nouveau distributeur à préciser pourquoi il s'intéresse à cette entreprise, à tomber amoureux du marketing de réseau et à reconnaître que c'est le véhicule idéal qui lui permettra d'obtenir tout ce qu'il veut dans la vie. Elle l'aidera, de plus, à établir ses buts et son objectif et lui enseignera à nourrir sa passion à l'aide des quatre carburants : la visualisation, une foi inébranlable, l'éducation et la connaissance, et un environnement de soutien. Quand votre nouveau distributeur aura saisi le lien qui existe entre ses buts et la possibilité qu'offre le marketing de réseau de les réaliser, plus rien ne pourra l'arrêter ! Il sera prêt à s'asseoir avec vous pour apprendre comment faire. Le temps que vous passerez ensemble sera d'autant plus productif et lucratif pour vous deux.

Si possible, rencontrez-le ou parlez-lui au téléphone pour revoir ses buts et son objectif avant qu'il ne reçoive la formation officielle. Vous apprendrez ainsi à le connaître, aurez une meilleure relation avec lui et saurez ce qui est important dans sa vie ; cela vous permettra de mieux le conseiller dans sa démarche.

Voyons maintenant la partie formelle du programme de formation.

Un nouveau distributeur a besoin d'une formation de *nouveau* distributeur

Je l'ai déjà dit au chapitre 3, mais c'est si important que je vais le répéter : *un nouveau distributeur a besoin d'une formation de nouveau distributeur.* Et pourquoi les nouveaux distributeurs n'enseigneraient-ils pas aux nouveaux distributeurs ? Si la chorégraphie de votre formation est telle que tous voudront danser, c'est en effet ce qui se passera ! Trop souvent, on demande aux distributeurs les plus chevronnés de donner la formation. Toutefois, comme pour la soirée d'information, c'est préférable de confier la tâche à un distributeur qui fait partie de l'industrie depuis quelques semaines ou quelques mois seulement et qui jouit d'un certain succès.

Pourquoi ? Parce qu'un nouveau est plus facile à croire et plus facile à imiter !

Vos éducateurs doivent être des modèles à suivre, des gens enthousiastes et vifs d'esprit de qui l'on peut apprendre. Il faut constamment former de nouveaux éducateurs. Si votre entreprise se concentre sur l'éducation de nouveaux éducateurs, elle grandira de façon exponentielle. Les nouveaux distributeurs enseignent aux nouveaux distributeurs, les éducateurs enseignent aux éducateurs, et les éducateurs d'éducateurs se dirigent vers des postes de direction. Ça, c'est du marketing de réseau efficace !

Site de la formation du nouveau distributeur

À la maison ou à l'hôtel, pour que l'environnement soit propice à une session de travail professionnelle de deux heures à deux heures et demie. Pas d'enfants, pas d'animaux.

Demandez à quelques-uns de vos distributeurs d'assister à la formation, des distributeurs qui ont quelques mois d'expérience. Ils pourront poser des questions et trouver des réponses, participer au *remue-méninges*, raconter des histoires et faire part de ce qui fonctionne le mieux selon leur expérience, chacun d'eux pouvant s'occuper d'une section de la formation. C'est une bonne façon de les préparer à la donner au complet éventuellement.

Feuilles de travail de formation

Préparez le matériel que vous voulez remettre à vos nouveaux distributeurs : la documentation et les feuilles de travail. Vous trouverez des exemples de feuilles de travail à la fin de ce chapitre.

S'ils doivent prendre des notes, fournissez-leur un résumé de ces notes. Ils ne peuvent pas écouter, comprendre, pratiquer et participer en même temps. Ils ne peuvent pas non plus être présents et attentifs tout en écrivant.

Montrez-leur

J'ai déjà dit que votre formation devrait être pratique. Évidemment, vous leur « direz » beaucoup de choses, mais essayez de leur en « montrer » le plus possible à l'aide d'exercices pratiques.

Deux exercices amusants sont le *remue-méninges* et le jeu de rôles. Quand je demande aux participants de remplir le formulaire d'évaluation à la fin de mes ateliers, que pensez-vous qu'ils répondent à la question suivante : « Qu'avez-vous aimé le plus dans cet atelier ? » Quatre-vingt p, cent répondent : « Jouer des rôles ! »

Les feuilles de travail permettent aussi aux distributeurs de prendre une part active à la formation. Jouer des rôles est efficace pour apprendre à répondre aux objections ou aux questions les plus fréquemment posées, et les exercices écrits sont tout aussi efficaces. Plutôt que de remettre une liste des avantages à vos distributeurs, permettez-leur de les découvrir eux-mêmes. Cette forme d'apprentissage est beaucoup plus efficace pour trois raisons :

1. *Parce qu'ils l'auront fait eux-mêmes,* ils possèderont la matière ;
2. *Ils auront travaillé en groupe.* Le *remue-méninges* et le jeu de rôles sont des aspects fondamentaux du réseau. Ils sauront dorénavant qu'ils peuvent obtenir du soutien et des idées des gens de leur réseau ;
3. *Leur mémoire sera dix fois meilleure.* Si vous leur remettez une liste, ils devront l'apprendre par cœur. S'ils créent leur propre liste, ils s'en souviendront.

Les trois sections de la formation

La formation du nouveau distributeur se divise en trois parties : les systèmes de croyances, les produits et l'entreprise.

Révisons les points saillants de chaque section. Je vous donne ici une liste abrégée du matériel dont vous aurez besoin pour chaque section. Référez-vous aux chapitres précédents pour obtenir des renseignements supplémentaires sur chaque point.

Première section :
Les systèmes de croyances (15-20 minutes)

- Liste de contrôle
- Réviser à fond les chapitres 1, 2 et 3

- Préparer des témoignages de réussite
- Exemples de carte aux trésors

Dans le chapitre 3, je parle de systèmes de croyances. Tchekhov disait : « L'homme est ce qu'il croit être. » C'est tellement vrai ! Vos distributeurs doivent être convaincus qu'ils sont capables de réussir dans cette industrie.

Dans le chapitre sur la soirée d'information, je vous ai dit que chaque client potentiel doit connaître la réponse à cinq questions fondamentales avant de pouvoir faire un choix éclairé. Vous vous souvenez de ces questions ?

1. Est-ce que cette entreprise est simple ?
2. Est-ce que je peux m'y amuser ?
3. Est-ce que j'y gagnerai de l'argent ?
4. Est-ce que j'aurai de l'aide ?
5. Est-ce le temps idéal pour joindre ?

Même si vous avez déjà répondu à ces questions lors de la soirée d'information, il est important d'en reparler pendant la formation du nouveau distributeur.

Dans la mesure du possible, faites-le à l'aide d'histoires et de témoignages de réussite. Partagez votre propre expérience en vous assurant de répondre aux cinq questions fondamentales. Demandez à des distributeurs plus expérimentés de partager leur histoire et leur enthousiasme. Vos nouveaux distributeurs développeront ainsi une attitude positive appropriée et ils sentiront qu'ils *méritent* le succès. Reconnaissez en chacun d'eux les caractéristiques et le système de croyances des « Alain et Alice Accomplissements ».

Si quelqu'un le veut bien, il peut montrer au groupe sa carte aux trésors pour que tous comprennent la portée de celle-ci !

Pour couvrir tout ce matériel en détail, consultez « Votre introduction » ; le chapitre 1 : « Vos buts et votre objectif » ; le chapitre 2 : « Les quatre carburants » et le chapitre 3 : « La formation : votre premier pas ».

Deuxième section :
Connaissance des produits et services (45-60 minutes)

- Liste de contrôle
- Révision complète du chapitre 4
- Tableau à feuilles volantes, chevalet, crayons-feutres de couleurs vives
- Produits pour étalage
- Feuille de travail « Bienfaits des produits »
- Feuille de travail « Questions fréquentes »
- En bref, « Soyez votre meilleur client ».

Feuille de travail des bienfaits des produits ou services. C'est la première feuille que vous remettez à vos nouveaux distributeurs (vous en trouverez un exemplaire à la fin du présent chapitre).

Faites une session de *remue-méninges*. Demandez à vos nouveaux distributeurs, ainsi qu'à ceux qui ont un peu d'expérience, d'énumérer tous les bienfaits qui leur viennent à l'esprit.

Vous vous souvenez de la distinction entre les bienfaits et les caractéristiques ? Vous voulez mettre l'emphase sur les résultats dont les gens jouiront, et non ce qu'il y a de spécial dans leurs composantes, ni les détails des produits ou des services.

Inscrivez tous les bienfaits que vos distributeurs mentionnent sur une grande feuille placée en avant de la pièce. Donnez-leur le temps de les inscrire aussi sur leur feuille de travail. Au mieux, dactylographiez ce qui se trouve sur les grandes feuilles et faites-leur en parvenir une copie le plus tôt possible

Qui est le plus susceptible d'utiliser mes produits ou mes services ? (Cette section est comprise sur la feuille de travail des bienfaits.) Lorsque vous rassemblez des hommes et des femmes de différents milieux, ils ont des idées surprenantes quant aux personnes qui seraient susceptibles de rechercher les bienfaits de vos produits ou services. Je donne cet atelier depuis des années et je reste encore surpris du nombre d'idées qui en ressortent, ainsi que de la façon dont celles-ci « enrichissent » les listes de clients potentiels.

Questions fréquentes. Une autre session de *remue-méninges* et une autre feuille de travail (vous en trouverez un exemplaire à la fin du présent chapitre). Inscrivez les questions les plus courantes sur une grande feuille placée en avant de la pièce. Ensuite, faites une session de *brainstorming* sur les façons d'y répondre. Les distributeurs expérimentés peuvent être en cela d'un grand secours. Demandez à votre groupe de pratiquer ces réponses entre eux afin qu'ils les possèdent bien. Vous pouvez les faire pratiquer deux à la fois devant les autres ou bien en petits groupes.

En marketing de réseau, plus encore que pour une entreprise conventionnelle, la compagnie est d'une importance capitale. Consacrez quelques moments à sa philosophie et à ses employés.

N'y mettez pas trop de temps. La plupart des renseignements dont ils ont besoin se trouvent dans leur matériel de nouveau distributeur. Parlez-en rapidement et passez à la section suivante.

Tous les renseignements nécessaires à la deuxième section de la formation se trouvent au chapitre 4 : Les produits.

Troisième section :
Connaissance de l'entreprise (1 heure)

- Liste de contrôle
- Révision complète des chapitres 5 à 9
- Tableau à feuilles volantes, chevalet, crayons-feutres de couleurs vives
- Feuille de travail « Liste de clients potentiels »
- Un manuel de présentation
- Feuille de travail « Les objections »
- Une boîte de fiches de 3 x 5 pouces pour le suivi
- L'agenda des prochains événements : soirées d'information et de formation
- Une liste des tâches pour les soirées d'information. Qui veut participer ?

Prospection. Préparez la feuille de travail de la liste de clients potentiels et distribuez-la à vos nouveaux distributeurs (vous en trouverez un exemple à la fin du présent chapitre).

Montrez-leur comment la remplir en prenant soin d'inclure les numéros de téléphone. Quand vos nouveaux distributeurs s'inscrivent à votre formation, rappelez-leur d'apporter leurs carnets d'adresses, celui pour les amis et celui pour les affaires. Encouragez-les à dresser une *l-o-n-g-u-e* liste de clients potentiels, sans passer de jugement.

La liste de clients potentiels en ordre de priorité. Montrez-leur comment assigner une priorité à chaque nom de la liste.

1. Les gens qui aiment les gens, qui sont remplis d'énergie.
2. Les gens positifs.

3. Les gens qui réussissent.

Expliquez-leur que vous assignez une priorité à chaque client potentiel afin de contacter en premier lieu ceux qui sont les plus susceptibles de dire « oui ».

Prendre rendez-vous par téléphone. Montrez-leur comment prendre rendez-vous par téléphone. Souvenez-vous des cinq points-clés :

1. « Est-ce un bon moment ? »
2. Transfert d'enthousiasme.
3. Complimentez votre client potentiel.
4. Sans obligation.
5. Atteignez le but fixé.

Suggérez-leur de travailler d'abord avec les clients potentiels de leur région et d'utiliser la garantie de satisfaction ou argent remis, ainsi que d'autre matériel de promotion.

Vous trouverez tout ceci au chapitre 5 : La prospection.

La présentation. Montrez-leur différents manuels de présentation utilisés par vos distributeurs établis. Expliquez-leur que le manuel les guide dans leur présentation étape par étape. C'est le temps idéal pour fixer une date pour préparer vos manuels de présentation.

Vous trouverez tous ces renseignements au chapitre 6 : La présentation.

Les objections. Ce sujet comporte souvent une « charge » émotive. Faites-leur d'abord comprendre que les objections sont des opportunités de croissance cachées. Montrez-leur comment transformer ces obstacles en ouvertures, en utilisant les six étapes suivantes :

1. Écoutez comme jamais auparavant.

2. Jouez au détective.
3. Reconnaissez la validité de l'objection.
4. Répondez par l'approche *sent, senti, découvert.*
5. Assurez-vous de bien vous faire comprendre.
6. Offrez le choix.

Ces six étapes sont extrêmement efficaces pour approfondir votre relation avec votre client potentiel et pour l'aider à prendre la bonne décision.

Utilisez la feuille de travail des objections (dont vous trouverez un exemple à la fin du présent chapitre). Les gens adorent cette partie et restent toujours surpris de voir la facilité avec laquelle ils peuvent découvrir la question que cache une objection et y répondre.

Nous avons vu tout cela au chapitre 7 : Les objections.

Le suivi. Montrez-leur comment utiliser le système de fiches. Montrez-leur aussi votre boîte et décrivez chaque étape du suivi.

Les renseignements dont vous aurez besoin se trouvent au chapitre 8 : Le suivi.

Ensuite ?

La soirée d'information

Planifiez des rencontres régulières afin que tout le monde ait la chance d'y amener ses clients potentiels intéressés pour leur donner une vision globale (et de première classe) de l'industrie, et pour leur permettre de s'inscrire s'ils le veulent. Comme vous le savez, il est important de planifier une formation du nouveau distributeur après ces rencontres afin de toujours recommencer le cycle. Dans la mesure du possible, procurez un calendrier des événements à venir à tout le monde.

En étant fidèle au rythme de la soirée d'information suivie par la formation, vous construirez rapidement un réseau solide. Essayez-le et vous verrez !

Qui veut participer ?

La formation du nouveau distributeur est l'occasion toute indiquée pour décrire le but de la soirée d'information et pour donner une chance aux nouveaux distributeurs de s'impliquer.

Une des façons grâce à laquelle ils peuvent contribuer à la prochaine soirée d'information est de se préparer à partager leur histoire. C'est l'aspect le plus important de la soirée et vous pouvez les entraîner à répondre aux cinq questions-clés, que tout le monde se pose, en racontant brièvement leur histoire. Voici de nouveau ces cinq questions :

1. Est-ce que cette entreprise est simple ?
2. Est-ce que je peux m'y amuser ?
3. Est-ce que j'y gagnerai de l'argent ?
4. Est-ce que j'aurai de l'aide ?
5. Est-ce le temps idéal de joindre ?

Quand vos nouveaux distributeurs pourront raconter leur histoire, tout en répondant à ces questions, votre soirée d'information sera très inspirante !

Si vous désirez réviser ces points, ils se trouvent au chapitre 9 : la soirée d'information.

Ouf ! C'est beaucoup de matériel pour une seule séance, n'est-ce pas ?

En fait, vous pouvez couvrir tout ce matériel dans une atmosphère détendue et productive en deux heures et demie. Absolument ! Vous devez bien gérer votre temps et ne pas vous laisser distraire, mais je sais que vous êtes capable de le faire.

Pendant la première semaine après qu'un nouveau distributeur aie joint votre équipe, réservez le plus de temps possible pour l'accompagner à ses premières présentations. J'en reparlerai au chapitre suivant : la duplication.

En vérité, grâce à ce programme, vous n'aurez pas à les suivre très longtemps. Les principes que vous leur enseignez leur procurent une base solide et ils déploieront leurs ailes rapidement. Bientôt, ils n'auront plus besoin de vous. Ils seront comme des enfants qui viennent de graduer de l'école et qui coupent le cordon maternel. Vous aurez préparé vos distributeurs à affronter le vrai monde.

Une dernière chose

Qui est le plus qualifié pour animer une formation du nouveau distributeur ? Tout le monde. Tout le monde devrait le faire.

Souvenez-vous, le marketing de réseau nous donne une liberté personnelle et professionnelle qu'aucune autre industrie ne permet. C'est nous qui sommes réellement impliqués dans la libre entreprise.

Comme disent les Chinois : « Yin et Yang, chaque chose a deux faces : le devant et le revers. Plus grand est le devant, plus grand est le revers. » *Le devant de notre entreprise extraordinaire est la liberté, le revers est la responsabilité et le parrain se trouve au cœur de la responsabilité.*

Chaque parrain ou marraine est un éducateur qui peut donner une excellente formation aux nouveaux distributeurs. C'est facile et plaisant. Plus vous donnerez de formations, plus vous saurez que je dis vrai.

Prenez chacune des listes et essayez-les. Quand vous aurez vu ce que la formation fait pour les gens, quand vous verrez qu'elle propulse vos nouveaux distributeurs vers l'accomplissement de leurs rêves *et plus*, vous en serez mordu. Croyez-moi. J'en sais quelque chose.

Et maintenant la grande finale : la duplication !

Feuille de travail sur les bienfaits des produits

« Pourquoi les gens devraient-ils acheter et utiliser mes produits ? » Utilisez la feuille de travail ci-dessous pour vous aider à découvrir les caractéristiques et les bienfaits de vos produits. *Les gens veulent entendre parler des bienfaits.*

Produit ou gamme de produits ______________________________

____

____

____

Quels bienfaits les gens en retireront-ils ?
(Que font ces produits ?)

____

____

____

____

____

____

Qui est le plus susceptible de s'en servir ?
(Types de personnes et d'occupations)

____

____

____

____

Questions fréquentes

Question n° ______________________________

____

Réponse ______________________________

____

____

Question n° ______________________________

____

Réponse ______________________________

____

____

Question n° ______________________________

____

Réponse ______________________________

____

____

Feuille de travail
Liste de clients potentiels

Priorité (A-B-C)

Nom Adresse Jour ( ) Soir ( )	Commentaires
Nom Adresse Jour ( ) Soir ( )	Commentaires
Nom Adresse Jour ( ) Soir ( )	Commentaires
Nom Adresse Jour ( ) Soir ( )	Commentaires

Feuille de travail
Les objections

Objection ______________________________

Question qu'elle cache ______________________________

____

Confirmation ______________________________

Objection ______________________________

Question qu'elle cache ______________________________

____

Confirmation ______________________________

Objection ______________________________

Question qu'elle cache ______________________________

____

Confirmation ______________________________

Objection ______________________________

Question qu'elle cache ______________________________

____

Confirmation ______________________________

Chapitre 11

La duplication

Un des aspects fondamental du marketing de réseau est la duplication. C'est grâce à elle si votre entreprise peut prendre de l'expansion et jouir d'un succès de longue durée. Une mise en garde toutefois : la duplication fonctionne dans les deux sens : le positif et le négatif. Dans ce chapitre final, je vais vous enseigner à utiliser la duplication de façon positive afin de créer une entreprise de marketing de réseau réellement extraordinaire.

Alors, vous voilà face à un groupe de nouveaux associés, enthousiastes, fraîchement formés, qui meurent d'envie de commencer à travailler avec leur liste de clients potentiels. Quel moment émouvant !

Et bien, que le spectacle commence !

Mais juste avant de monter sur scène et de recevoir des applaudissements bien mérités, parlons un moment du mot « duplication ».

Qu'est-ce que la duplication ?

Selon le Petit Robert, la duplication est : *une opération par laquelle on double une quantité, un volume.*

Dupliquer vient du latin *duplicare* qui signifie « doubler ». Avez-vous déjà entendu parler du concept du doublement en marketing de réseau ? Ce concept s'applique à la croissance de votre entreprise.

Vous êtes une seule personne. Vous vous doublez, vous devenez 2, les 2 deviennent 4, ces 4 deviennent 8, 8 deviennent 16, 16 deviennent 32, 32 deviennent 64, 64 deviennent 128, 128 deviennent 256, 256 deviennent 512, deviennent 1024, deviennent 2048, et ainsi de suite. Voilà la merveilleuse possibilité de croissance du marketing de réseau.

Pourquoi est-ce que tout le monde ne se « double » pas ?

Parce que tous ne savent pas que la clé du doublement se trouve dans ce mot : *duplication.*

La seule vraie façon pour vous d'accomplir ce doublement de croissance dans votre réseau (et quand je dis « vraie » façon je veux dire que cela se reflètera sur votre rapport mensuel et sur vos primes de rendement) est par la duplication. La duplication est la clé d'une entreprise toujours grandissante et la formation est la clé de la duplication. Voilà pourquoi le présent livre enseigne aux éducateurs.

La jacinthe des lacs

Voici une histoire qui illustre bien la duplication.

Il existe une plante aquatique qui flotte et qui s'appelle la jacinthe des lacs. Elle pousse à la surface des lacs et des étangs dans les tropiques.

La jacinthe des lacs se reproduit par duplication. Tous les jours, elle se dédouble. Une devient deux, deux deviennent quatre, etc., même sur une grande rivière ou un grand lac, si les conditions le permettent. En trente jours, la jacinthe recouvre complètement la surface de l'eau. Aucun bateau ne peut passer parce que la jacinthe prend toute la place.

Voici où je veux en venir. Le vingt-neuvième jour, une journée avant que le lac ne soit complètement recouvert, seulement la moitié du lac est couverte de fleurs !

Souvenez-vous comment tout ce processus a commencé : avec une petite fleur pas plus grande que votre main ! Voilà le pouvoir du marketing de réseau.

Au début, il est difficile d'imaginer l'ampleur que pourra prendre votre réseau éventuellement. Quand deux deviennent quatre et quatre deviennent huit, cela semble peu dans une grande étendue d'eau. Mais regarder un peu plus loin : 1 000 personnes, ensuite 2 000 personnes, ensuite 4 000 personnes… Et souvenez-vous, juste avant que les fleurs n'envahissent entièrement le lac, ce dernier n'est qu'à moitié recouvert de plantes ! Impressionnant, n'est-ce pas ?

La duplication fonctionne dans les deux sens

Vous pouvez dupliquer toutes les bonnes choses ou bien toutes les mauvaises.

Un distributeur qui s'empresse de faire signer des nouveaux distributeurs pour ensuite les laisser à eux-mêmes, sans soutien, sans formation, se dupliquera parfaitement. C'est-à-dire que son réseau sera composé de gens comme lui qui feront signer des nouveaux distributeurs pour ensuite les abandonner.

Un parrain, par contre, qui assume la responsabilité des gens qu'il ajoute à son commerce, qui les éduque et les soutient, se dupliquera tout autant que le précédent.

Un se duplique positivement, l'autre, négativement. Comment choisissez-vous de vous dupliquer ?

La duplication : le pouvoir de votre exemple

La duplication positive en marketing de réseau se fait en donnant l'exemple, en vous présentant comme modèle à imiter.

Souvenez-vous de la définition de la duplication : *une opération par laquelle on double une quantité, un volume.*

Bien entendu, je ne vous dis pas de fabriquer des clones ! Il est évident que chaque personne a un caractère, des valeurs, des buts et des talents qui lui sont propres. D'ailleurs, un des aspects merveilleux du marketing de réseau est qu'il permet à chacun et chacune d'exprimer sa vraie nature.

Je vous suggère plutôt de présenter votre entreprise comme un système que les gens peuvent imiter pour créer leur propre succès.

L'idée est de construire un système qui est prêt à démarrer. Les gens n'auront qu'à s'installer, tourner la clé, démarrer et réussir. Vous voulez devenir un modèle que les autres peuvent imiter facilement pour mettre sur pied leur propre entreprise et réussir.

Comment faire ? Avec la formation du nouveau distributeur.

Trois façons de faire de l'argent

Vous pouvez vous trouver du boulot. C'est ce que font la plupart des gens. Il existe même des boulots intéressants et satisfaisants. Mais, en vérité, la plupart des boulots sont... ennuyants et vous font travailler fort. Ils servent uniquement à payer vos comptes.

L'argent peut travailler pour vous. Voilà un très bon moyen de faire de l'argent. Si vous avez, disons, 500000$ ou 750000$ en banque, en l'investissant dans l'immobilier, vous pouvez générer entre 5000$ et 10000$ de revenus par mois. Malheureusement, la plupart des gens ne possèdent pas une telle somme à investir. Un jour, vous l'aurez, mais pour l'instant, quelle est l'autre possibilité ?

Vous pouvez faire travailler les autres pour vous. Voilà, c'est la bonne !

Vous pouvez utiliser les principes éprouvés du succès et les enseigner aux autres. Ensuite, ces derniers font la même chose, ainsi que les autres après eux.

Cette façon de gagner de l'argent est employée par la majorité des gens riches à travers le monde. Cela s'appelle aussi « le revenu résiduel ».

Comme disait le premier milliardaire américain, le regretté Andrew Carnegie : « Je préfère profiter d'un p. cent des efforts de 100 personnes que de 100 p. cent de mes propres efforts. »

Vous avez le choix. Quelle façon est la meilleure pour vous de gagner de l'argent ? Voilà, c'est le troisième choix. Je vais maintenant vous apprendre à vous dupliquer et faire travailler les gens pour vous… et pour eux-mêmes.

Enseigner aux gens à pêcher ou à voler comme un aigle

Vous connaissez le dicton : « En donnant un poisson à un homme, je le nourris pour une journée ; en lui enseignant à pêcher, je le nourris pour toute sa vie. » C'est ce que nous voulons faire.

Tirez tout de suite une chose au clair avec vos nouveaux distributeurs : vous leur enseignez à mettre sur pied des commerces indépendants, pas des commerces dépendants. Encore une fois, la nature nous montre comment procéder.

Quand l'aigle construit son nid, elle en tapisse l'intérieur de matériaux doux afin qu'il soit très douillet pour ses aiglons. Elle pond habituellement un ou deux œufs, les couve et nourrit les petits après leur naissance.

Graduellement, la femelle enlève tout le matériel doux qui tapisse le nid pour que celui-ci devienne de moins en moins confortable. Quand le temps est venu pour les aiglons d'apprendre à voler, elle les pousse vers l'extérieur du nid, doucement au début, puis de plus en plus brusquement. Si le petit ne comprend pas qu'il doit quitter le nid, elle le prend dans son bec et le jette dans le vide.

Quand le petit tombe, ses instincts font surface et il se met à voler. Sinon, sa mère l'attrape au vol avant qu'il ne s'écrase et le ramène au nid. Après un petit repos, elle le jette de nouveau dans le vide. Elle recommence jusqu'à ce qu'il apprenne à voler.

Voilà où je veux en venir : si vous voulez que vos distributeurs volent comme des aigles, vous aurez peut-être à les « encourager » un peu.

Créer des associés indépendants le plus rapidement possible

Vous pouvez devenir un distributeur étoile dans cette industrie. Il y en a beaucoup. Mais je veux que vous deveniez un *fabriquant d'étoiles*. Pour ça, vous devez faire deux choses : enseigner à vos distributeurs à se lancer en affaires et leur enseigner à l'enseigner aux autres.

Enseigner à se lancer en affaires

D'abord, assoyez-vous avec votre nouveau distributeur tout de suite après sa session de formation de nouveau distributeur et réservez avec lui un bloc de temps de trois ou quatre heures, soit un soir de semaine ou un samedi après-midi. Ce temps lui servira à rencontrer des clients potentiels, chez le client potentiel ou ailleurs.

Votre distributeur devrait prendre un rendez-vous par heure pour tout le temps alloué.

Votre responsabilité consiste à l'aider à prendre ses premiers rendez-vous selon sa liste de clients potentiels et à l'accompagner dans ses premières présentations.

Que votre distributeur vous présente à son client potentiel comme l'expert qui enseigne à son nouvel associé à faire ses premières présentations.

Étant donné que vous avez un rendez-vous par heure, vous devrez maintenir un bon rythme. Quand un client potentiel de votre distributeur aura commencé à utiliser le produit, révisez avec votre distributeur le système de suivi et la boîte de fiches. Assurez-vous qu'il rappelle ses nouveaux clients régulièrement. Montrez-lui comment faire et offrez-lui votre appui.

Qu'avez-vous fait ?

Vous avez formé votre nouveau distributeur, vous l'avez aidé à trouver des clients au détail et vous l'avez aidé à « démarrer » son entreprise. Vous lui avez aussi montré comment se construire un réseau et vous l'avez appuyé lorsqu'il a parrainé ses premiers distributeurs.

Grâce au manuel de présentation, votre nouveau distributeur peut faire ses présentations tout seul après trois à six semaines. Grâce à ce qu'il a appris dans la formation du nouveau distributeur, il possède l'information et l'expérience requises pour réussir dans sa nouvelle entreprise. Voyez-vous la puissance du programme de formation ?

Au cours de la quatrième, cinquième ou sixième présentation, vous êtes un observateur et vous n'intervenez que si c'est nécessaire. En peu de temps, vous aurez un associé fiable et autonome qui sait comment faire. La duplication : une copie exacte de l'original.

Trois raisons pour lesquelles cette approche est la meilleure :

1. C'est vite comme l'éclair. Vous n'attendez pas que les clients potentiels viennent à vous. En une journée, votre nouveau distributeur a amorcé une carrière qui le mènera au succès.

2. En rencontrant ses clients potentiels en équipe, vous augmentez de façon radicale les chances de succès de votre nouveau distributeur à se trouver des nouveaux clients et des nouveaux distributeurs.

3. Vous avez enseigné à votre nouveau distributeur *comment se dupliquer*.

Et vous ne lui avez pas simplement expliqué, vous lui avez montré. Il a déjà une expérience concrète.

Il y a de bonnes chances que quelques jours suffisent pour que votre nouveau distributeur fasse la même chose avec un des clients potentiels que vous avez rencontré avec lui. Dans son livre qui s'intitule *Big Al dévoile les secrets du parrainnage*, Tom Schreiter enseigne ces mêmes principes de travail d'équipe et de la tierce personne en tant qu'expert. L'auteur y décrit avec humour les peurs et les doutes qui assaillent le distributeur qui en est à ses débuts. Ce livre drôle et efficace souligne un point très important.

Enseigner à enseigner

Voici un programme éprouvé qui donne d'excellents résultats.

D'abord, il dure un mois, requiert un soir par semaine de votre temps, disons le mardi, chez votre nouveau distributeur.

Votre nouveau distributeur invite de six à huit clients potentiels. La première semaine, il fait très peu : il souhaite la bienvenue à ses invités et vous présente. C'est comme une soirée d'information en miniature et c'est vous qui êtes l'animateur.

Installez un petit étalage des produits et ayez à portée de la main le matériel du nouveau distributeur. Dirigez cette soirée comme une présentation, aidé de votre manuel de présentation. Le tout doit demeurer très informel. Ne vous mettez pas à réaménager le salon de votre nouveau distributeur ! Faites la réunion autour de la table de la salle à dîner ou de la table à café dans le salon.

Montrez les produits aux invités et parlez des bienfaits que vous avez ressentis en les utilisant. Votre nouveau distributeur peut contribuer en parlant des bienfaits que lui-même a ressentis. Assurez-vous de répondre aux cinq questions-clés quand vous parlez des bienfaits des produits ou des services et de l'entreprise. Est-ce que c'est une entreprise simple ? Est-ce que c'est agréable ? Est-ce que je peux y gagner de l'argent ? Est-ce que j'aurai de l'aide ? Est-ce le temps idéal pour joindre ?

À la fin de la réunion, dites à vos invités que vous serez là de nouveau la semaine suivante à la même heure, au même endroit, et qu'eux, leurs amis et leurs familles sont les bienvenus.

Après la réunion, le nouveau distributeur effectue un suivi pour s'assurer que tous ses clients potentiels sont heureux et satisfaits.

Poussez-les hors du nid

La semaine suivante, demandez à votre nouveau distributeur d'inviter plus de gens et laissez-le faire une partie de la présentation.

Qu'il prenne des notes et qu'il enregistre la première session afin d'étudier ce que vous avez fait. Qu'il choisisse la section avec laquelle il se sent le plus à l'aise et qu'il la présente lors de la deuxième soirée, qu'il s'agisse de la compagnie, des produits ou des services.

Chaque semaine, votre nouveau distributeur participe toujours plus à la présentation et vous en faites moins. La dernière semaine, vous êtes un invité spécial. Votre distributeur, et possiblement un ou plusieurs de ses nouveaux distributeurs, font eux-mêmes la présentation.

Allez-y à votre rythme

Peu importe le nombre d'heures que vous pouvez consacrer à votre commerce chaque semaine, vous pouvez utiliser les structures de duplication pour ces petites soirées d'information. La structure est toujours pareille. Le temps est flexible.

Si vous travaillez à votre entreprise à temps partiel, vous pouvez faire une ou deux de ces soirées par semaine. Vous pouvez travailler avec un nouveau distributeur à la fois.

Si vous avez beaucoup de temps à consacrer et que vous voulez augmenter le rythme, vous faites la même chose mais plus souvent. C'est la fréquence qui augmente, ainsi que le nombre de nouveaux distributeurs.

Voici un exemple : la dernière fois que je me suis lancé en affaires, je voulais que les choses aillent vite, qu'elles explosent ! J'étais prêt à m'engager à faire n'importe quoi pour que mon entreprise réussisse rapidement.

Alors, en une semaine, j'ai parrainé cinq personnes qui voulaient sérieusement se lancer en affaires. J'ai fait des soirées d'information miniatures (appelons-les des rencontres d'information) chez chacun d'eux pendant un mois. J'en faisais une par semaine chez chacun de mes nouveaux distributeurs, du lundi au vendredi.

À la fin du mois, je m'étais « reproduit » dans ces cinq personnes qui ont commencé à faire la même chose de leur côté avec leurs propres distributeurs.

J'ai immédiatement parrainé cinq autres nouveaux distributeurs sérieux et j'ai refait la même chose avec eux. Je leur ai donné la formation et j'ai fait chez chacun d'eux quatre rencontres d'information en un mois.

J'ai fait cela pendant trois mois, après quoi, il y avait des douzaines de rencontres d'information dans des dizaines de foyers partout à travers la ville et je n'avais même pas à y être. À la soirée d'information mensuelle, mes distributeurs me présentaient leurs nouveaux distributeurs. J'ai commencé à donner une formation avancée pour mes distributeurs établis, grâce à laquelle ils ont amélioré leur présentation et appris à gérer des groupes toujours plus grands.

J'ai aussi commencé à voyager pour présenter mes produits et mon occasion d'affaires dans de nouvelles villes, et c'est là que j'ai récolté les meilleurs bienfaits de cette approche.

Je quittais fréquemment la ville où j'habitais pour une durée d'un mois ou plus afin d'établir mon entreprise dans une nouvelle ville. Je m'attendais à ce que mon commerce d'origine décline un peu en mon absence. Et bien, non ! Le contraire s'est produit. J'avais créé un réseau si solide de gens qui savaient enseigner efficacement à leurs nouveaux distributeurs que mon entreprise grandissait même en mon absence. Voilà la clé !

Deux points importants à retenir :

1. *Je n'ai pas arrêté de parrainer des distributeurs de premier niveau.* Mon entreprise a donc continué de prendre de l'expansion, en largeur et en profondeur. Cet équilibre est vital.
2. *Ceci est un procédé pratique qui a fait ses preuves pour atteindre l'autonomie personnelle et financière.*

Que vous travailliez à temps partiel ou à temps double comme moi, le but est de vous « reproduire » afin que les autres gagnent de l'argent pour vous, même si vous n'êtes plus impliqué dans le quotidien de votre entreprise.

Lorsque votre système de duplication est en place, vous offrez un soutien aux gens de votre réseau et vous continuez à parrainer et à entraîner de nouveaux distributeurs. Eux feront la même chose et leurs distributeurs aussi, ainsi que leurs distributeurs à eux.

C'est le point le plus important de ce chapitre et du présent livre, le point-clé de tous les aspects de votre commerce de marketing de réseau.

Sur toute la ligne

Si vous enseignez à vos distributeurs à tout faire, leur capacité de vous copier et d'enseigner à d'autres à faire la même chose est assurée.

Le succès de leur entreprise, durable et grandissante, est aussi assuré !

Un joueur professionnel prend rarement un risque non calculé. Il place une gageure quand les chances sont de son côté à un moment précis.

Ce que la formation et l'enseignement vous apportent dans ce commerce est ceci :

1. Ils vous en démontrent clairement tous les avantages ; et
2. Ils mettent toutes les chances de votre côté pour que vous gagniez encore et toujours.

Point important : Si un de vos distributeurs résiste à s'engager, à y mettre le temps et l'argent, à apprendre comment faire, vous devriez peut-être examiner le sérieux de ce distributeur. Votre temps est précieux. Investissez-le dans des personnes qui l'apprécient.

Quel est le nombre idéal de personnes avec qui travailler ?

Entre trois et cinq. Pas plus de cinq.

Considérez les militaires. Ils enseignent la duplication depuis des années et leur hiérarchie dépasse rarement cinq niveaux. Le nombre de personnes avec qui vous choisissez de travailler dépend du temps que vous désirez y consacrer. Plus vous avez de temps, plus vous pouvez avoir d'associés. Lorsque vous avez complété la formation des cinq premières personnes, vous en parrainez cinq autres, ensuite cinq autres, et ainsi de suite.

Ne vous imaginez pas que vous deviez parrainer des centaines et des centaines de personnes et tout leur enseigner vous-même. En dix vies, vous n'en auriez pas le temps !

Les distributeurs que je connais, et qui réussissent le mieux, ont parrainé très peu de gens.

Je connais un homme qui exploite cette entreprise à temps partiel : il gagne 60 000 $ par année et conduit une Mercedes fournie par sa compagnie. Il a parrainé 25 distributeurs de premier niveau en deux ans et demi. Il dit qu'il ne veut parrainer que des leaders.

Je connais aussi un millionnaire qui a un énorme réseau. En 15 ans de marketing de réseau, il a parrainé *moins de 100 personnes,* donc moins de dix par année. Il dit d'ailleurs que c'est la raison pour laquelle il a si bien réussi.

Le marketing de réseau peut sembler être une industrie de chiffres. C'est vrai et c'est faux. En fait, c'est une industrie de « relations de qualité ». Dix « fabricants d'étoiles » valent leur pesant d'or. Si chacun d'eux s'est dupliqué et a fabriqué dix fabricants d'étoiles dans sa propre lignée (et croyez-moi, vos distributeurs en sont tous capables), 100 fabricants d'étoiles travailleront bientôt pour vous.

Rejoignez *tout le monde !*

Je vous mets au défi de dépenser, tous les mois, entre 500 $ et 1 000 $ en frais de téléphone !

« Monsieur Kalench, vous êtes fou ? »

Pas du tout. Je veux que vous ayez de gros comptes de téléphone et que vous puissiez les payer sans effort et sans arrière-pensée. Je vais vous dire pourquoi. Parce que, contrairement aux règles habituelles du marketing de réseau, je crois que vous *devriez* parrainer des gens par interurbain.

Réfléchissez un instant. Depuis combien de temps le marketing de réseau existe-t-il ? Ce n'était pas très répandu il y a une cinquantaine d'années.

Oui, je sais que les structures à paliers multiples existent depuis toujours au gouvernement, en éducation et dans les commerces conventionnels. Toutefois, il n'y avait pas jadis de commerces fondés sur les principes du marketing de réseau. Vous êtes-vous déjà demandé pourquoi ?

Les ancêtres des compagnies de marketing de réseau vendaient directement au consommateur. Rappelez-vous le vendeur de brosses Fuller qui passait de porte en porte et des autres dans le commerce de ventes directes. C'est la technologie qui a donné son élan au marketing de réseau.

Après la Deuxième Guerre mondiale, de multiples nouvelles technologies ont vu le jour et ont transformé la vie des gens à travers le monde dont leur façon de travailler. L'automobile, le téléphone, l'avion à réaction, le photocopieur et l'Internet à eux seuls ont eu un impact énorme. Imaginez le marketing de réseau sans la voiture, le téléphone, l'avion, le photocopieur et l'Internet. Impensable !

Vous voyez où je veux en venir ? Le marketing de réseau existe grâce aux nouvelles technologies. Ce sont elles qui nous donnent la possibilité d'œuvrer au sein d'une entreprise unique.

Les distributeurs en marketing de réseau d'aujourd'hui ont accès à des technologies qui n'existaient pas hier : les conférences téléphoniques, la livraison de courrier en moins de 24 heures, la messagerie électronique, la messagerie vocale, les appareils vidéo, l'Internet et j'en passe ! De plus en plus, les chefs de file du marketing de réseau utilisent ces technologies.

Le micro-ordinateur existe depuis à peine dix ans et quelle différence il a fait à lui seul !

Tout ça pour dire que les distributeurs en marketing de réseau d'aujourd'hui ont accès à des formes de communication que leurs prédécesseurs n'avaient pas. Ils peuvent échanger de l'information, prospecter, parrainer et enseigner *sur de très longues distances !*

Qualifier vos distributeurs rapidement

Je connais des chefs de file de la vente qui enseignent à leurs distributeurs avec des outils de communication à la fine pointe de la technologie. Ils utilisent des outils pour identifier des entrepreneurs potentiels avant même de les rencontrer. Ce n'est qu'après une courte introduction sur l'entreprise que ces entrepreneurs potentiels apprennent de quelle compagnie, produits ou services il s'agit. Ainsi, lorsqu'un distributeur rencontre quelqu'un pour lui faire une présentation, il sait qu'il parle à un entrepreneur potentiel qualifié.

Pourvu que les outils utilisés soient professionnels et correspondent à l'éthique de l'entreprise, j'appuie tout système qui accorde un avantage de prospection au distributeur sérieux.

Les clés sont la formation et la duplication

Avec les principes éprouvés et les systèmes simples que je vous ai montrés, vous pouvez vous créer un réseau national, voire international. Les seules limites qui s'imposent sont les contraintes des ententes de mise en marché de votre compagnie.

Vous pouvez prospecter et faire le suivi par interurbain, expédier la documentation par Internet et, vous pouvez enseigner quoi faire et quoi dire par téléphone, par courriel, CD audio et vidéo, etc.

Vous pouvez aussi utiliser le présent livre. Vous pouvez faire des conférences téléphoniques. Vous pouvez faire tout ce que je vous ai enseigné avec quelqu'un qui se trouve à 5 000 kilomètres de votre résidence.

De nos jours, les très grands chefs de la vente utilisent énormément les principes et les nouvelles technologies disponibles.

Les CD permettent d'être très productif à distance. La conférence téléphonique constitue un exemple frappant du mariage entre les principes que je vous ai enseignés et la nouvelle technologie. Les listes d'envoi et la publicité permettent de contacter et de recruter des gens à travers un pays ou à travers le monde.

Non, vous ne pourrez pas assister aux soirées d'information de vos distributeurs éloignés, du moins pas avant que celles-ci regroupent au moins deux cents personnes par semaine. À ce moment, vous pourrez vous y rendre par avion une fois par mois. Par contre, vous pouvez mettre en pratique ces principes, ces outils et ces techniques et vous pouvez enseigner à vos distributeurs à faire de même, où qu'ils soient. De plus, vous pouvez le faire simplement et réussir.

Le secret est de donner une saveur de nouvelle technologie à vos vieilles méthodes de marketing de réseau. Utilisez votre téléphone, votre messagerie vocale, l'Internet, votre appareil vidéo et votre ordinateur pour dupliquer ce que vous avez appris.

John Naisbitt appelle cela la « haute technologie ».

C'est là l'avenir du marketing de réseau, ainsi que le vôtre.

Épilogue et mot de la fin

Des paroles immortelles

En tant que personne en voie de devenir maître enseignant, je désire vous encourager à fréquenter d'autres maîtres.

Voici quelques pensées d'un des grands maîtres de l'Orient qui a dit beaucoup en peu de mots.

Choisissez d'être un chef

Il y a des milliers d'années, le vieux sage Lao-Tseu l'a exprimé à la perfection :

Il y a trois choses que j'apprécie par-dessus tout.

La première est la douceur ; la deuxième, la frugalité ; la troisième, l'humilité, qui m'empêche de me placer devant les autres.

Soyez doux et vous pourrez être audacieux.

Soyez frugal et vous pourrez être généreux.

Évitez de vous placer au-dessus des autres

Et vous pourrez devenir un chef parmi les hommes.

Le mot de la fin

Je veux vous féliciter.

Mais tout d'abord, je veux être certain que vous m'écoutiez *réellement*. Alors faites-moi plaisir et prenez deux grandes respirations, lentes, profondes et accordez-vous le temps de vous détendre.

Imaginez que nous sommes tous deux assis face à face. Regardons-nous droit dans les yeux. Je tiens à ce que vous sachiez que vous êtes une personne unique et spéciale. Je le sais parce que vous vous êtes rendu jusqu'ici et cet exploit requiert des qualités que vous n'êtes peut-être pas conscient de posséder. Il est très important pour moi de vous faire comprendre que vous êtes un enseignant engagé et fort et que vous réussissez déjà.

Je veux vous féliciter d'avoir pris le temps de lire le présent livre, d'être un Alain ou une Alice Accomplissements. Vous avez saisi la valeur de l'éducation et de la connaissance. Ce n'est pas donné à tout le monde. Vous êtes ouvert à l'apprentissage, posez des questions, et voulez connaître la vérité. Ce sont là des qualités importantes à un bon enseignant.

Vous aimez cette industrie parce que vous la comprenez véritablement. C'est plutôt rare. Vous savez qu'elle est congruente avec votre objectif de vie et que c'est un véhicule parfait pour vous permettre de concrétiser vos désirs et vos buts les plus chers.

Vous connaissez votre capacité de transformer la vie des gens. Vous connaissez aussi et acceptez votre obligation de partager avec d'autres les cadeaux que vous avez reçus. De plus, vous savez *pourquoi* et *comment* équilibrer votre liberté avec autant de responsabilités.

Voyez tout ce que vous savez déjà ! Croyez-moi, ce n'est pas avec légèreté que je vous dis que vous êtes quelqu'un de spécial.

Je veux vous mettre au défi. Oui, je sais, je suis toujours en train de vous mettre au défi, mais je vous promets que ce sera le dernier défi du présent livre !

Je vous mets au défi d'*enseigner* tellement bien à vos nouveaux distributeurs que chacun d'eux vous surpassera. Si vos distributeurs sont moins bons que vous, vous serez bientôt aux prises avec un réseau de nains. S'ils vous surpassent, vous aurez un réseau de géants. C'est le secret de la plus grande réussite dans cette entreprise et c'est le secret que j'avais promis de dévoiler à la fin du présent livre.

En voici un autre.

Un de mes bons amis m'a fait connaître récemment un vieux classique, un film qui s'intitule *It's a Wonderful Life (Quelle vie merveilleuse)* avec le comédien Jimmy Stewart. Bien qu'il s'agisse d'un film du Temps des fêtes très populaire, je ne l'avais jamais vu.

C'est l'histoire d'un homme doux et bon qui s'appelle Georges Baillie. Sa vie, ses rêves et ses aspirations sont détruits un jour par un geste négligent qui le laisse ruiné. Tout le village et tous ses amis de longue date se retournent contre lui et il fait face à une sentence de prison. Il contemple le suicide.

C'est Noël. Il se rend au pont glacé à l'extérieur du village avec sa police d'assurance entre les mains. Comme il dit, il vaut plus cher mort que vivant.

Comme il se prépare à sauter, il voit un vieil homme sur le point de se noyer dans la rivière coulant sous le pont et qui appelle au secours. Georges le sauve. Pendant que les deux hommes se sèchent, le vieil homme dit qu'il s'appelle Clarence et qu'il est l'ange gardien de Georges, venu l'aider dans ce moment de besoin. Georges s'en moque mais Clarence insiste et ajoute qu'il a le pouvoir de lui montrer la valeur de sa vie.

Il transporte donc Georges dans une autre vie, celle qui caractériserait son village s'il n'était jamais né.

Le village est transformé, pour le pire !

Il s'appelle maintenant Poitier ville, du nom du tyran riche et cruel qui a ruiné la Caisse d'épargne de Georges en lui volant son argent. Là où il y avait auparavant des parcs et de jolies boutiques, il y a maintenant le jeu et l'alcool. Georges rencontre des gens qu'il connaît mais ils sont méconnaissables.

Sans la naissance de Georges Baillie, un village complet vit une réalité totalement différente. Sans Georges, des centaines, même des milliers de personnes sont devenues malheureuses, désespérées et misérables.

Clarence triomphe ; Georges choisit de vivre.

Ému, Georges cout vers le village, caresse les arbres, embrasse la terre et bénit sa bonne vieille Caisse d'épargne. Il fait irruption chez lui et appelle son épouse Marie.

Marie, qui le cherchait partout, entre dans la pièce, visiblement surprise. Il la prend dans ses bras et lui dit :

« Oh Marie, je t'aime tellement ! » À ce moment, il semble que le village entier entre chez lui.

Tous ceux qui avaient retiré leur argent de sa Caisse, dans la panique du moment, le rapportent et l'empilent sur la table. Le village entonne *Auld Lang Syne*. Même le vérificateur de la banque, qui avait réquisitionné l'arrêt de Georges quelques heures plus tôt, retire 10 $ de sa poche, le dépose sur la pile et chante avec les autres.

Georges regarde sur la table et y aperçoit, au milieu de l'argent rapporté par ses amis, un exemplaire du livre *Tom Sawyer*. Georges l'ouvre et y lit l'inscription :

Cher Georges,

Souviens-toi qu'aucun homme n'est ruiné, qui a des amis.

C'est signé : Clarence.

Tout comme Georges, vous aussi avez fait une différence marquante dans la vie de beaucoup de gens. Je vous demande de réfléchir à ces contributions et de vous en remercier.

Maintenant, pensez à l'avenir et à ce qu'il vous réserve. Les possibilités que cette industrie et votre compagnie vous offrent sont un cadeau très spécial et très puissant. J'espère de tout cœur que vous reconnaissez cette puissance et que vous l'envisagez comme un moyen de commencer quelque chose de grand et de faire des contributions importantes dans la vie des gens. Et parce que vous savez comment l'utiliser, *vous possédez cette puissance et vous pouvez décider de l'exploiter.*

Je veux reconnaître l'engagement que vous avez pris avec votre compagnie, vos produits, vos services et votre industrie. Mais, avant tout, je veux reconnaître votre engagement envers vous-même d'*actualiser votre potentiel avec le marketing de réseau.*

Ce fut un privilège pour moi de vous servir. Je veux vous remercier de m'avoir permis de faire ce que j'aime plus que tout et je vous remercie d'être *un de mes millions d'amis.*

Avec amitié,

John Kalench

Au sujet de l'auteur

Formateur, consultant et guide innovateur au service de cette industrie, John Kalench découvrit le marketing de réseau en 1979. Au cours des huit années qui suivirent, John a bâti trois réseaux de distribution très profitables, en plus d'être le PDG et principal actionnaire de sa propre entreprise de marketing de réseau.

En 1985, John s'est retrouvé à la tête d'un réseau composé de milliers de personnes à travers le pays. Il créa alors MIM pour offrir des programmes de formation spécialisés pour répondre aux besoins de son réseau.

Les programmes de formation de John furent chaudement accueillis par tous ses distributeurs-clés à travers le pays. C'est en février 1987 qu'il décide de transformer MIM en une compagnie de formation indépendante qui servirait l'industrie du marketing de réseau tout entière. Afin de satisfaire cet objectif, MIM n'a plus d'intérêts financiers dans quelque compagnie que ce soit : la formation et la consultation sont désormais ses champs exclusifs de compétence.

Des milliers d'entrepreneurs en marketing de réseau de par le monde, des entrepreneurs comme vous, ont participé aux formations de John et ont obtenus leur diplôme. Les meilleurs distributeurs et les dirigeants de compagnie ont eu recours aux talents de consultant de John afin de mieux diriger et de mieux développer leurs stratégies d'affaires.

John Kalench est décédé en 2000.

Table des matières

Imprimé en France par CPI
en mars 2020
N° d'impression : 158222